Lerntechniken

David Reinhaus

2. Auflage

Inhalt

Gehirngerecht lernen — 5
- Was heißt Lernen? — 6
- Was in unserem Gehirn abläuft — 7
- Die wichtigsten Lernprinzipien — 13
- Welcher Lerntyp sind Sie? — 24

Die richtige Lernstrategie — 33
- So motivieren Sie sich — 34
- So erstellen Sie einen Lernplan — 44
- Verschaffen Sie sich Zeit zum Lernen — 54
- Stress – förderlich oder hinderlich? — 59
- Wie Sie Prüfungsangst überwinden — 63
- Sorgen Sie für optimale Lernbedingungen — 65

Neues Wissen erschließen und strukturieren 73
- Textauswahl: Material rasch sichten 74
- Schnelllesetechniken: Texte zügig erfassen 77
- SQ3R-Methode: Texte durchdringen 81
- Markiertechniken: Texte optisch strukturieren 85
- Mitschrift: Wissen festhalten 87
- Mind Map: Vorwissen aktivieren 89
- Lernposter: Wissen sichtbar machen 93

Neues Wissen einprägen 97
- Wozu brauchen Sie Mnemotechniken? 98
- Loci-Technik: Räumliche Anker nutzen 99
- Kettenmethoden: Lerninhalte verbinden 103
- Zahlen-Systeme: Zahlen verknüpfen 106
- Schlüsselwort-Methode: Vokabeln einprägen 108
- Lernkartei: Details lernen 110
- Diktiergerät: Mit beiden Ohren lernen 114
- Lerngruppe: Soziales Lernen 116
- Software und Internet: Interaktives Lernen 118
- Videofeedback: Optische Lernkontrolle 121

- Literaturverzeichnis 124
- Stichwortverzeichnis 125

Vorwort

„Man lernt nie aus" – dieses Sprichwort haben Sie schon tausend Mal gehört? Und es stimmt – wir lernen immerzu, entwickeln unser Wissen und unsere Fähigkeiten weiter: in der Schule, an der Uni, im Job, aber auch zu Hause beim Bügeln oder in der Straßenbahn. Aber warum ist uns trotz sorgfältiger Vorbereitung vor einer Präsentation noch mulmig? Wie verhindern wir den klassischen Blackout? Wie lernen wir eine neue Software schnell und effizient? Warum tut sich der eine mit einer Vokabelliste unheimlich schwer, während es dem anderen ganz leicht fällt, diese auswendig zu lernen?

Dieser TaschenGuide erklärt Ihnen, wie Sie so lernen können, dass Sie Gelerntes nicht so schnell wieder vergessen. Finden Sie heraus, welcher Lerntyp Sie sind, und üben Sie Lern- und Gedächtnistechniken ein, die wirklich zu Ihnen passen. So durchdringen Sie schwierige Themen und merken sich neue Lerninhalte. Mit den passenden Techniken bleibt darüber hinaus Ihre Lernmotivation hoch, denn Lernen muss nicht mühsam sein!

Machen Sie es Ihrem Gehirn einfach. Wenn Sie effizient lernen, werden Ihre Ergebnisse Sie belohnen.

David Reinhaus

Gehirngerecht lernen

Lernen muss nicht immer anstrengend sein! Wenn wir wissen, wie unser Gehirn am besten neues Wissen aufnimmt, verarbeitet und behält, können wir unser Lernverhalten danach ausrichten. Auf diese Weise lernen wir leichter und schneller.

In diesem Kapitel erfahren Sie,

- worum es beim Lernen geht,
- welche Vorgänge im Gehirn dazu führen, dass wir Informationen verarbeiten und dauerhaft behalten,
- welche Prinzipien sich fürs Lernen daraus ableiten lassen und
- welcher Lerntyp Sie sind.

Was heißt Lernen?

Sicherlich haben Sie heute bereits jede Menge gelernt. Denn unser Gehirn lernt ununterbrochen.

Beispiel:

> Vielleicht haben Sie heute Morgen um ein Haar den Bus verpasst, weil Sie davon ausgegangen waren, dass Sie die Bushaltestelle – auch im Laufschritt – in fünf Minuten erreichen würden. Jetzt wissen Sie, dass Sie für die Strecke zwischen Haustür und Bushaltestelle länger brauchen. Morgen werden Sie etwas früher aufbrechen.

Wie Sie an diesem Beispiel sehen, geht es beim Lernen nicht nur darum, sich Fakten einzuprägen, sondern auch darum, neue Situationen zu erkennen („Der Bus ist weggefahren"), zu bewerten („Ich werde zu spät zur Arbeit kommen"), zu verstehen („Ich bin zu spät losgelaufen") und in geeigneter Weise auf sie zu reagieren („Morgen werde ich früher loslaufen"). Schließlich merken Sie sich erfolgreiche Verhaltensweisen („Wenn ich zehn Minuten früher loslaufe, erreiche ich den Bus") und wenden sie in dieser oder einer ähnlichen Situation erneut an (tatsächlich jeden Tag früher loslaufen).

Viele dieser Lernprozesse laufen beiläufig ab, d. h. ohne dass Sie sich bewusst auf sie konzentrieren, z. B. lernen Sie ganz nebenbei die neuesten Modebegriffe, wenn Sie häufig Modezeitschriften lesen. Andere Lernprozesse hingegen fordern Ihre ganze Aufmerksamkeit, z. B. das Erlernen und Anwenden mathematischer Formeln oder das Erlernen neuer Tanzschritte. Die Vielfalt von Lernaufgaben, die unser Gehirn regelmäßig bewältigt, ist immens.

Beispiele

Auswendiglernen neuer Informationen: z.B. Vokabeln einer Fremdsprache lernen, sich geschichtliche Daten merken

Zusammenhänge verstehen und in praktisches Handeln übersetzen: z.B. mathematische Gleichungen mit zwei Unbekannten lösen, ein Regal aufbauen, ein Fahrrad reparieren

Handlungsabläufe begreifen und trainieren: z.B. Autofahren lernen, Klavier spielen lernen, ein neues Computerprogramm bedienen

Soziale Erwartungen erkennen und erfüllen: z.B. lernen, wie man eine fesselnde Rede hält oder ein überzeugendes Verkaufsgespräch führt

Bei allen Lernvorgängen vollziehen sich in unserem Gehirn ähnliche Veränderungen. Je besser Sie diese verstehen, desto leichter wird es Ihnen gelingen, Ihre Lernstrategien zu optimieren.

Was in unserem Gehirn abläuft

Immer wenn Sie etwas Neues lernen, ob bewusst oder unbewusst, verändert sich Ihr Gehirn. Diese Veränderung ist die Voraussetzung für jegliches Lernen. Jeder Lernprozess beginnt zunächst mit der Wahrnehmung neuer Sinneseindrücke. Diese können Sie entweder über Augen, Ohren, Haut, Nase oder Mund wahrnehmen, also sehen, hören, fühlen, riechen oder schmecken. Jedes unserer Sinnesorgane verfügt über hochspezialisierte Sinneszellen, die zuständig sind für die Wahrnehmung von Reizen, z.B. Farben/Formen, Töne/Melodien, Berührungen, Gerüche, Geschmäcker. Diese Sinneszellen sammeln Informationen über Reize (z.B. welche Form und Farbe etwas hat), übersetzen sie in elektrische Impulse und leiten sie über Nervenbahnen an das Gehirn weiter. Dort stehen über 100 Milliarden Nervenzellen zur Verfügung, um diese Informationen weiterzuverarbeiten und bei Bedarf entsprechende Reaktionen einzuleiten.

Jede Nervenzelle verfügt über winzige Verästelungen, mit denen sie Informationen von anderen Nervenzellen empfängt und versendet. Wenn sich Verästelungen verschiedener Nervenzellen berühren, bilden sich am Berührungspunkt winzige Verdickungen, sog. Synapsen. An diesen Kontaktstellen findet der Informationsaustausch zwischen Nervenzellen statt.

Sobald elektrische Impulse eine Synapse erreichen, schüttet eine Nervenzelle an dieser Kontaktstelle chemische Botenstoffe aus. Die benachbarte Nervenzelle erkennt diese und übersetzt sie in neue elektrische Impulse. Auf diese Weise werten Nervenzellen Reize gemeinsam aus und aktivieren bei Bedarf andere Nervenzellen, die für die Einleitung bestimmter Reaktionen auf diese Reize zuständig sind. Am liebsten wiederholt unser Gehirn Handlungen, die zu positiven Gefühlen geführt haben (z.B. ein Stück Schokolade essen), und vermeidet Handlungen, die unangenehme Gefühle zur Folge hatten (z.B. auf eine heiße Herdplatte fassen). Durch die Wiederholung werden immer wieder die gleichen Nervenzellen gemeinsam aktiviert. Hierdurch verdicken sich die Synapsen zwischen diesen Nervenzellen. Weil Informationen in unserem Gehirn über elektrische Impulse weitergleitet werden und Strom bekanntermaßen den Weg des geringsten Widerstands wählt, werden dicken Synapsen am häufigsten genutzt, so dass wir zukünftig auf entsprechende Reize fast automatisch mit entsprechenden Reaktionen antworten. Der bekannte deutsche Hirnforscher Manfred Spitzer (Spitzer 2008, siehe Literaturverzeichnis am Ende des Buches) hat für diesen Lernprozess ein humorvolles Beispiel.

Beispiel:

Wenn auf einer zugeschneiten Wiese eine Glühweinbude und eine Toilette stehen, laufen viele Menschen erst zur Glühweinbude und später zur Toilette. Die vielen Fußgänger trampeln den Schnee zwischen Glühweinbude und Toilette platt, so dass ein bequemer Trampelpfad entsteht. Jetzt wird dieser Trampelpfad von noch mehr Fußgängern benutzt.

Leider funktioniert dieser Lernprozess auch bei unerwünschten Verhaltensweisen. Wenn wir sie nur häufig genug wiederholen, werden Sie zur schlechten Angewohnheit, die wir kaum noch willentlich unterdrücken können.

Beispiel:

Sie wollen auf Ihre Figur achten. Nur leider kommen Sie jeden Morgen an einem Bäcker mit hervorragendem Süßgebäck vorbei. Wenn Sie sich ein paar Mal morgens auf dem Weg zur Arbeit ein süßes Teilchen genehmigt haben, wird es Ihnen schwer fallen, in Zukunft darauf zu verzichten.

Doch der Aufbau neuer Nervenverbindungen und die Verdickung bereits bestehender Synapsen kostet unseren Körper

Energie. Um mit dieser Energie sparsam umzugehen, verändert unser Gehirn seine Struktur nur für Informationen, die ihm wichtig erscheinen. Das ist der Grund, warum wir uns verschiedene Informationen unterschiedlich lang merken.

Unser Gedächtnis

Die Gedächtnisleistung wird in drei Kategorien unterteilt: Das Ultrakurzzeitgedächtnis (auch sensorischer Speicher genannt), das Kurzzeitgedächtnis und das Langzeitgedächtnis.

Gedächtnisspannen unserer drei Gedächtnisebenen

- **Ultrakurzzeitgedächtnis:** Wenn wir einen Reiz verarbeiten, bleiben alle Nervenzellen, die an der Verarbeitung dieses Reizes beteiligt sind, bis zu 20 Sekunden lang elektrisch erregt. In dieser Zeit können wir uns problemlos an diesen Reiz erinnern. Setzen wir uns nicht weiter mit ihm auseinander, haben wir ihn spätestens nach 20 Sekunden wieder vergessen. Oft reicht diese kurze Gedächtnisspanne, um eine einmal begonnene Handlung zu Ende zu führen. Sie hilft uns beispielsweise beim Lesen: Wenn wir ein neues Wort lesen, haben wir das vorangegangene noch im Gedächtnis.

- **Kurzzeitgedächtnis:** Wenn wir uns mit einem neuen Eindruck intensiver auseinandersetzen, schütten alle Nervenzellen, die an dieser Verarbeitung beteiligt sind, an ihren Synapsen vorübergehend besonders viele Botenstoffe aus. Dieser Vorgang kann bis zu einige Tage lang andauern und erklärt, warum wir uns in dieser Zeitspanne an derartige Eindrücke erinnern.

- **Langzeitgedächtnis:** Erst wenn ein Eindruck unserem Gehirn sehr wichtig erscheint (z.B. weil er starke Gefühle auslöst), gelangt er in unser Langzeitgedächtnis. Hier bilden Nervenzellen, die an der Verarbeitung beteiligt sind, untereinander neue Nervenverbindungen. Diese können Wochen, Monate, Jahre oder ein ganzes Leben lang bestehen – je nachdem wie lange und wie häufig wir neues Wissen und neue Verhaltensweisen gebrauchen.

Allerdings können Sie auch diese Lerninhalte wieder vergessen, wenn Sie nicht regelmäßig von ihnen Gebrauch machen. Jedoch können Sie sie auch schnell wieder auffrischen, denn die ungenutzten Nervenverbindungen werden nicht vollständig abgebaut, sondern nur zurückgebildet.

Beispiel:

Wenn Sie lange nicht mehr Skifahren waren, brauchen Sie vielleicht ein Paar Anläufe, bis Sie alle Bewegungsabläufe wieder ohne langes Nachdenken beherrschen. Doch Sie müssen nicht bei Null anfangen.

Lernen – was gelangt ins Langzeitgedächtnis?

Unser Gedächtnis funktioniert wie ein Filter. In jeder Sekunde wirken unzählige Reize auf uns ein. Damit unser Gehirn nicht davon nicht überflutet wird, sondern arbeitsfähig bleibt, filtert es von vornherein Informationen heraus. Hierzu entscheidet es sich blitzschnell anhand von Erfahrungen, was für uns von Bedeutung ist und was nicht. Unser Gehirn lernt im Laufe unseres Lebens, von welcher Art von Informationen wir besonders profitieren. Diesen Informationen schenken wir fortan mehr Aufmerksamkeit als anderen.

> Eine Information ist dann wichtig für uns, wenn sie uns dabei hilft, unsere Bedürfnisse zu erfüllen und unsere Ziele zu erreichen.

Während alle Informationen in unser Ultrakurzzeitgedächtnis gelangen, werden nur wichtige Informationen in unser Kurzzeitgedächtnis weiter geleitet. Von dort aus gelangen nur sehr wichtige Informationen in unser Langzeitgedächtnis.

Beispiel:

> Ein junger Mann leidet sehr unter erblich bedingtem Haarausfall. Er sucht händeringend nach einem Gegenmittel. Plötzlich steht er vor einem Plakat, auf dem ein neuartiges Medikament gegen Haarausfall angepriesen wird. Weil dieses Mittel für ihn eine wichtige Funktion erfüllt, wird er den Namen so schnell nicht mehr vergessen.

Wann werden Informationen dauerhaft in unserem Gedächtnis verankert?

Wenn sie...

- für uns besonders wichtig sind, weil sie der Erfüllung unserer Bedürfnisse bzw. der Erreichung unserer Ziele dienen.
- sich leicht mit unserem Vorwissen verknüpfen lassen.
- mit bestimmten Emotionen verknüpft werden.
- praktisch angewendet werden können.
- ständig abgerufen werden.
- mit Bildern verknüpft werden.
- mit Assoziationen verbunden werden.
- sich vereinfachen lassen.

Die wichtigsten Lernprinzipien

In diesem Buch lernen Sie wirksame Lern- und Gedächtnistechniken kennen, mit denen es Ihnen gelingt, neues Wissen und neue Fertigkeiten schnell zu lernen und dauerhaft im Gedächtnis zu behalten. Auf welchen Grundprinzipien diese Techniken basieren, erfahren Sie auf den nächsten Seiten.

Nutzen erkennen

Wenn wir uns neuen Wissensgebieten und neuen Fertigkeiten zuwenden, ist unser Gehirn noch nicht darauf trainiert, alle erforderlichen Informationen bevorzugt wahrzunehmen und weiterzuverarbeiten. Zunächst hilft uns die pure Neugierde dabei, unsere Aufmerksamkeit auf neue Informationen auszurichten. Damit diese in unserem Gedächtnis verankert werden, müssen wir unserem Gehirn möglichst früh die Wichtigkeit dieser Informationen vor Augen führen.

Beispiele

Mathe lernen: Wenn ein Schüler später in einer Bank arbeiten möchte, ist es für ihn ziemlich leicht, sich den Nutzen von Zinsrechnung vor Augen zu führen.

Fremdsprachen lernen: Jedem Schüler, der für einen Austausch ins Ausland gehen will, ist klar: Er wird sich viel schneller in einem fremden Land einleben, wenn er die entsprechende Fremdsprache bereits gut beherrscht.

Software lernen: Menschen, die im Rahmen ihres Berufs die Bedienung einer neue Software lernen müssen, wird diese Aufgabe leichter fallen, wenn sie sich bewusst machen, dass die neue Software viele Arbeitsprozesse vereinfachen wird.

Präsentationstechniken lernen: Personen, die als Redner überzeugen wollen, werden sich rasch rhetorische Techniken aneignen, wenn sie erkannt haben, wie sehr ihre persönliche Wirkung von diesen Techniken abhängt.

Wissen aneignen: Medizinstudenten müssen sich viele Fachausdrücke merken. Dies wird ihnen leichter fallen, wenn sie sich bewusst machen, wie wichtig diese Fachausdrücke sind, um sich mit Kollegen über Erkrankungen und deren Behandlung auszutauschen.

> Prinzip 1: Wer sich dessen bewusst ist, wozu ihm neues Wissen und neue Fertigkeiten nutzen, lernt schneller, motivierter und nachhaltiger. Mehr zur Umsetzung dieses Lernprinzips finden Sie im Abschnitt „So motivieren Sie sich".

Mit Vorwissen verknüpfen

Sie haben bereits gelernt, dass Nervenzellen neue Informationen dauerhaft speichern, indem sie Verbindungen mit anderen Nervenzellen aufbauen. Je mehr Verbindungen hierbei entstehen, desto besser können Sie sich an neues Wissen und neue Fertigkeiten erinnern. Wir lernen deshalb besser, wenn wir neue Lerninhalte mit unserem Vorwissen verknüpfen können. Dieses Vorwissen ist bereits über unzählige Nervenverbindungen gespeichert. An die bestehenden Nervenverbindungen können Nervenzellen, die neue Lerninformationen verarbeiten, schnell anknüpfen.

Der Lerntrainer Christian Grüning (Grüning 2012) weiß hierzu ein anschauliches Beispiel.

Beispiele

Die Verbindungen, über die Ihre Nervenzellen neues Wissen und neue Fertigkeiten speichern, sind wie ein Spinnennetz. Wenn Sie zu einem Lernthema bereits über umfangreiches Vorwissen verfügen (z.B. weil es sich um Ihr Lieblingshobby handelt), ist das Spinnennetz an dieser Stelle bereits sehr dicht. Jetzt wird es Ihnen leicht fallen, einen neuen Spinnenfaden an die bereits vorhandenen Spinnenfäden anzuknüpfen.

Wenn Sie sich mit einem gänzlich neuen Lernthema befassen, sollten Sie sich zunächst ausgiebig mit dessen Grundlagen auseinandersetzen. Dadurch erzeugen Sie ein grobes Netz aus „Wissensfäden", an das Sie alle weiteren anknüpfen können.

> Prinzip 2: Wer neues Wissen mit vorhandenem Wissen verknüpfen kann, lernt leichter und schneller. Zahlreiche Lern- und Gedächtnistechniken basieren auf diesem Prinzip (siehe Kapitel „Neues Wissen einprägen").

Mit Emotionen verbinden

Die Lernfähigkeit unseres Gehirns wird durch Gefühle gesteigert. Denn für unser Gehirn wirken positive und negative Gefühle wie ein Lernturbo. So merkt sich unser Gehirn sehr schnell, welche Verhaltensweisen, im Sinne unserer persönlichen Ziele (z.B. Anerkennung bekommen), erfolgreich sind und damit zu Glücksgefühlen führen und welche Verhaltensweisen für uns negative Konsequenzen haben (z.B. Kritik ernten) und damit Stressgefühle auslösen.

Beispiele

Positive Gefühle: Ein Kind hat im Schulunterricht die Namen hiesiger Vogelarten gelernt. Jetzt unternimmt es mit seiner Familie einen Waldspaziergang. Als es einen Vogel sieht, sagt es dessen Namen aus dem Gedächtnis auf. Hierfür wird es von seinen Eltern gelobt. Das Kind freut sich und wird sich zukünftig noch mehr Tiernamen merken.

Negative Gefühle: Ein kleines Kind fasst versehentlich auf eine heiße Herdplatte. Es verbrennt sich die Finger. Dieses unangenehme Gefühl sorgt dafür, dass das Kind kein zweites Mal auf eine heiße Herdplatte fassen wird.

Beim Lernen sorgen positive Gefühle dafür, dass wir uns gerne an neues Wissen und neue Fertigkeiten erinnern und diese gerne anwenden. Diese Gefühle können ganz unterschiedliche Ursachen haben, z.B. kann der Lerninhalt selbst oder die Lernumgebung positiv bewertet sein, es winkt uns eine Belohnung oder wir lernen mit bzw. von jemandem, mit dem uns positive Gefühle verbinden. Wir können diese Gefühle auch selbst mittels bestimmter Lerntechniken herstellen, indem wir unsere Lerninhalte so aufbereiten oder das Lernen so gestalten, dass Gefühle in uns hervorrufen werden (siehe dazu Kapitel „Neues Wissen einprägen").

> Prinzip 3: Positive Gefühle beim Lernen führen dazu, dass wir uns neue Lerninhalte schnell und sicher einprägen.

Übrigens führt auch Humor zur Ausschüttung von Glücksgefühlen. Daher bleiben Lerninhalte, zu denen Ihnen eine witzige Geschichte oder ein witziges Vorstellungsbild einfallen, besonders gut im Gedächtnis haften. Dieses Prinzip erklärt, warum so viele Kinder eher Albert Einstein als andere Nobelpreisträger kennen. Ihnen gefällt das witzige Foto, auf dem Albert Einstein den Journalisten die Zunge herausstreckt.

Praktisch anwenden

Unser Gehirn lernt am schnellsten und nachhaltigsten durch praktisches Tun. Nach diesem Prinzip lernen bereits Kleinkinder schnell und sicher Laufen. Erst können sie sich nur auf allen Vieren fortbewegen, dann richten sie sich auf und schließlich laufen sie ohne fremde Hilfe. All das lernen sie durch das Versuch-Irrtum-Prinzip. Ihnen kommt zugute, dass sich ihr Gehirn nicht jeden Fehlversuch (z. B. „Gestern bin ich wieder gegen das Stuhlbein gelaufen und umgefallen.") sondern lieber jede erfolgreiche Bewegung merkt (z. B. „Ich laufe um das Stuhlbein herum."). Indem sich das Kleinkind alle erfolgreichen Bewegungsabläufe einprägt und diese miteinander verbindet, erzielt es sehr schnell Lernerfolge.

Auch als Erwachsener profitieren Sie von diesem Lernprinzip: Immer wenn Ihnen eine neue Handlung zum ersten Mal gelingt, schüttet Ihr Gehirn Glückshormone aus. Diese regen Ihre Nervenzellen dazu an, schnell neue Verbindungen untereinander zu bilden. Je mehr dieser Verbindungen entstehen, desto besser können Sie sich an neue Lerninhalte erinnern und desto besser können Sie diese umsetzen. Praktisches Tun hat noch einen großen Vorteil: Passives Wissen wird zu aktivem Wissen. Denn beim Tun entstehen neue Nervenverbindungen zwischen Nervenzellen, die das neu Erlernte verstehen und abspeichern, und Nervenzellen, die uns befähigen, dieses in die Tat umzusetzen.

Gerade praktische Tätigkeiten lernen Sie am besten durch praktisches Tun. Das Lesen von Lern-Kochbüchern, Büchern übers Autofahren oder über Rhetorik ist hilfreich. Perfektionieren kann diese Fertigkeiten aber nur, wer tatsächlich häufig kocht, Auto fährt oder Vorträge hält. Spätestens im Beruf wird von Ihnen verlangt, dass Sie Lerninhalte aus Ihrer Ausbildungszeit anwenden können. Hierfür sind praktische Erfahrungen zwingend erforderlich.

Beispiele

Wer Spanisch lernen möchte, sollte sich von Anfang an so viel wie möglich in dieser Sprache unterhalten – vielleicht indem er sich einen spanischen Stammtisch sucht. Wer sich lediglich spanische Filme im Originalton ansieht, kann Spanisch unter Umständen verstehen, aber noch lange nicht sprechen.

Wer kochen lernen möchte, sollte Sie sich von einem erfahrenen Koch die wichtigsten Handgriffe zeigen lassen und sie gleich selbst ausprobieren.

An der Uni Münster können Medizinstudenten ihr theoretisches Wissen in einem „Studienhospital" dem Praxistest unterziehen. In den täuschend echten Krankenzimmern untersuchen die Studenten Schauspieler, welche die Symptome von Krankheiten möglichst realistisch vorspielen. So wenden sie bereits zu Beginn ihres Studiums ihr medizinisches Wissen praktisch an.

Prinzip 4: Wer sein theoretisches und praktisches Wissen häufig praktisch anwendet, lernt schneller und effizienter.

Wiederholen

Je häufiger Sie sich mit einem neuen Lerninhalt beschäftigen, desto häufiger aktivieren Sie alle Nervenzellen, die für seine Verarbeitung und Speicherung zuständig sind. Hierbei festigen sich die Verbindungen zwischen diesen Nervenzellen und Sie können sich später gut an einen neuen Lerninhalt erinnern.

Beispiele

Vokabeln lernen: Wer sich die Bedeutung einer neuen Vokabel einprägen will, sollte die Vokabel und ihre Bedeutung so häufig aufsagen, bis beide Informationen fest miteinander verknüpft sind.

> Krawatten binden: Wer sich eine Krawatte binden will, trainiert die nötigen Handgriffe so oft wie möglich.
>
> Rechtschreibung: Wer sich die Schreibweise eines Wortes sicher merken möchte, schreibt das Wort am besten so oft auf, bis sich das Schriftbild genau eingeprägt hat.

Durch häufige Wiederholungen gelangen Lerninhalte in Ihr Langzeitgedächtnis. Dort stehen Sie Ihnen im Idealfall ein Leben lang zur Verfügung. Wenn Sie dem Vergessen entgegenwirken wollen, sollten Sie neues Wissen und neue Fertigkeiten in regelmäßigen Abständen praktisch anwenden. Hierdurch bleiben die Nervenverbindungen bestehen. Beispielsweise weiß jeder, der eine Fremdsprache spricht, wie wichtig es für den Wissenserhalt ist, hin und wieder ein Gespräch in dieser Sprache zu führen.

> Prinzip 5: Die häufige Wiederholung von Lernhinhalten verankert diese schnell und dauerhaft im Gehirn.

Mit Bildern verknüpfen

Menschen nehmen die meisten Reize über Ihre Augen wahr. Deshalb sind in unserem Gehirn bereits unzählige optische Eindrücke durch abertausende Nervenverbindungen gespeichert. An dieses ziemlich dichte „Spinnennetz" können Nervenzellen leicht anknüpfen, wenn sie neue optische Eindrücke speichern wollen. Es gibt noch einen weiteren Grund, warum sich unser Gehirn Bilder viel besser als verbale Informationen (z.B. geschriebenen Text) merken kann. Bilder sind viel eher dazu in der Lage, Emotionen hervorzurufen. Wie Sie bereits wissen, wirken diese Emotionen wie ein Lernturbo.

Diesen Mechanismus sollten Sie sich zunutze machen. Versuchen Sie, sich Lerninhalte bildhaft vorzustellen. Welche Bilder entstehen vor ihrem inneren Auge, wenn Sie an neue Informationen denken? Gelingt es Ihnen, diese mit einprägsamen Bildern zu verknüpfen, werden Sie sie sich sich gut merken können. Diese Technik unterstützt Sie auch beim Erwerb neuer Fertigkeiten (z. B. Fechten lernen). Indem Sie sich die wichtigsten Bewegungsabläufe vor Ihrem inneren Auge vorstellen, bleiben sie gut im Gedächtnis. Selbst historische Fakten können Sie sich besser merken, wenn Sie sich innere Bilder dazu ausmalen.

Beispiel:

In der nächsten Geschichtsklausur werden die Hintergründe von Cäsars Ermordung abgefragt. Versuchen Sie, sich die Mordszene und ihre Hintergründe in Form von einer Kurzgeschichte genau vorzustellen. Was war Brutus für ein Mensch? Warum entschloss er sich, Cäsar umzubringen? Wie wird er sich wohl vor, während und nach dem Mord gefühlt haben? Je mehr Sie sich in die handelnde Person hineinversetzen, desto mehr Bilder entstehen, die wiederum Gefühle hervorrufen. Auf diese Weise festigen Sie das neue Wissen in Ihrem Gedächtnis.

Prinzip 6: Bilder und bildhafte Vorstellungen fördern und verlängern das Behalten von Lerninhalten.

Auf diesem Lernprinzip beruhen einige der wirksamsten Lern- und Gedächtnistechniken, die wir Ihnen in diesem Buch im Kapitel „Neues Wissen einprägen" vorstellen werden.

Mit Assoziationen verbinden

Als Assoziationen bezeichnet man Gedanken (z.B. Bilder Wörter, Emotionen), die Ihnen unverzüglich in den Sinn kommen, wenn Sie sich mit neuen Lerninformationen beschäftigen. Diese Gedanken entstehen so schnell, weil sie auf Informationen beruhen, die bereits über unzählige Nervenverbindungen fest in Ihrem Gedächtnis verankert sind. Wenn es Ihnen gelingt, neue Informationen mit diesen Assoziationen zu verknüpfen, bleiben sie besonders gut im Gedächtnis.

Beispiele

> Ein Lehrer kommt an eine neue Schule. Ihm stellt sich ein Kollege mit dem Namen „Karl" vor. Um sich dessen Namen merken zu können, mustert der Lehrer den neuen Kollegen und sucht nach einem auffälligen äußeren Merkmal, das Assoziationen hervorrufen könnte. Als erstes fällt ihm die Stirnglatze des Kollegen ins Auge. Sofort schießt dem Lehrer das Wort „kahl" durch den Kopf. Dieses Wort klingt sehr ähnlich wie der Name des neuen Kollegen und es lässt sich daher besonders gut mit diesem Namen verknüpfen. Hierzu kombiniert der Lehrer beide Worte in Gedanken und sagt sich „kahler Karl" einige Male innerlich auf. Wann immer er den neuen Kollegen zukünftig sieht, fällt ihm bei seinem Anblick sofort das Merkwort „kahl" und mit ihm der Name des Kollegen ein.

Vereinfachen

Unsere Nervenzellen merken sich komplizierte Lerninhalte im Team, indem sie komplexe Informationen in Teilinformationen zerlegen und diese zur weiteren Verarbeitung und Speicherung über Nervenbahnen an andere Nervenzellen weiterleiten. Jede der einzelnen Nervenzellen merkt sich nun eine dieser

Teilinformationen. Wenn wir uns jetzt an eine Information erinnern wollen, genügt es, einzelne Nervenzellen eines Teams zu aktivieren. Diese Nervenzellen aktivieren dann alle weiteren Nervenzellen, die an der Speicherung einer Information beteiligt waren. Wie bei einem Puzzle liefert jetzt jede aktivierte Nervenzelle ein Puzzlestück in Form einer Teilinformation. Aus den einzelnen Puzzlestücken setzt unser Gehirn wieder die vollständige Information zusammen.

> Prinzip 7: Je besser es uns gelingt, schwierige Lerninformationen in Teilinformationen zu zerlegen, desto leichter können wir Sie uns merken.

Beispiele

Kraulschwimmen lernen: Trainieren Sie erst die Atemtechnik, damit Sie den Kopf möglichst lange unter Wasser halten können. Üben Sie jetzt die Beintechnik und schließlich die Armtechnik. Sobald Sie alle drei Techniken sicher beherrschen, sollten Sie diese Techniken miteinander kombinieren. Schon bald können Sie sicher Kraulschwimmen.

Zahlenfolgen merken: Sie wollen sich eine neue Telefonnummer merken? Das geht viel leichter, wenn Sie nicht gleich versuchen, die ganze Zahlenfolge auf einmal zu lernen. Unterteilen Sie diese Zahlenfolge lieber in Päckchen von jeweils drei Ziffern. Prägen Sie sich diese Päckchen einzeln ein. Anschließend kombinieren Sie sie und merken sich so die gesamte Telefonnummer.

Welcher Lerntyp sind Sie?

Sie wollen schnell und effizient lernen? Dann sollten Sie feststellen, zu welchem Lerntyp Sie tendieren. Denn jeder Mensch bevorzugt unterschiedliche Sinneskanäle, um Informationen aufzunehmen.

Beispiel:

 Wie lernen Sie Namen am liebsten? Genügt es Ihnen einen Namen zu hören? Reicht es für Sie, einen Namen zu lesen? Oder schreiben Sie einen Namen gleich auf, um ihn sich zu merken?

Dieses Beispiel verdeutlicht drei Lerntypen:

- Der visuelle Lerntyp lernt am besten, wenn er etwas sieht.
- Der auditive Lerntyp lernt am besten, wenn er etwas hört.
- Der haptische Lerntyp lernt am besten, wenn er etwas anfassen oder praktisch ausprobieren kann.

Mit dem folgenden Test können Sie feststellen, zu welchem Lerntyp Sie neigen. Setzen Sie hierfür, ohne lange zu überlegen, für jede Frage ein Kreuz in eines der nummerierten Felder.

Wie lernen Sie am liebsten eine neue Sprache?

Ich suche mir gute Lehrbücher und lese Romane in der Fremdsprache.	1
Ich sehe mir am liebsten fremdsprachige Filme an und höre Hörbücher.	2
Ich suche mir fremdsprachige Bekannte und reise so oft wie möglich in das Land.	3

Welche Prüfungsform bevorzugen Sie?

Ich bevorzuge mündliche Prüfungen.	2
Ich bevorzuge schriftliche Prüfungen.	1
Ich bevorzuge praktische Prüfungen.	3

Wie vermitteln Sie Wissen am liebsten?

Ich zeige jemanden, wie ein Gerät funktioniert oder was er tun sollte.	3
Ich schreibe mein Wissen am liebsten auf.	1
Ich halte gerne Referate/ Vorträge.	2

Wie lernen Sie die Funktionen eines neuen Handys kennen?

Ich bitte jemandem, mir die Funktionen zu erklären.	2
Ich lese die Bedienungsanleitung.	1
Ich probiere alle Funktionen direkt aus.	3

Was macht Ihnen als Zuhörer bei Vorträgen/ Workshops am meisten Spaß?	
Die praktischen Übungen.	3
Ich höre zu und stelle viele Fragen.	2
Ich schreibe aufmerksam mit und lese mir die Mitschrift hinterher durch.	1
Wie bereiten Sie sich auf Prüfungen am liebsten vor?	
Ich besorge mir Lernbücher mit Übungen und Tests.	3
Ich erstelle eigene Dokumente, indem ich die wichtigsten Informationen aus Vorträgen o.Ä. aufschreibe.	1
Ich bitte jemanden, mich abzufragen.	2
Was halten Sie von Hörbüchern?	
Hörbücher sind für mich eine optimale Lernhilfe.	2
Ich ziehe herkömmliche Bücher vor.	1
Ich lerne lieber durch Ausprobieren.	3

Auswertung

Zählen Sie nun zusammen, wie häufig Sie Antworten der Kategorien 1, 2 und 3 angekreuzt haben. Tragen Sie die Summe für jede der Kategorien in folgende Tabelle ein:

Summe	Lerntyp
	1 = visuell (sehen)
	2 = auditiv (hören/ sprechen)
	3 = haptisch (ausprobieren)

Die höchste Summe gibt an, zu welchem Lerntyp Sie am ehesten tendieren. Wobei auch Kombinationen von Lerntypen denkbar sind, wenn sie die gleiche oder ähnliche Punktzahl aufweisen.

Der visuelle Lerntyp

Sie lernen am besten, wenn Sie Informationen über Ihre Augen aufnehmen. Sie profitieren davon, wenn Sie sich Texte, Grafiken, Tabellen, Zeichnungen, Bilder, Videos oder Vorführungen genau ansehen. Als visueller Lerntyp lernen Sie neue Informationen bereits, wenn Sie diese sorgfältig lesen und aufschreiben. Besonders profitieren Sie von guten Abbildungen, Mind Maps®, Fotos, Schaubildern, Tabellen und Lernpostern. Auch selbst geschriebene Karteikarten helfen Ihnen dabei, sich Informationen schnell einzuprägen (siehe Abschnitt „Lernkartei"). Schließen Sie beim Lernen hin und wieder die Augen und stellen Sie sich Lerninformationen bildlich vor. Öffnen Sie nun die Augen und überprüfen Sie Ihr Vorstellungsbilder anhand Ihrer Aufzeichnungen.

So lernen Sie als visueller Lerntyp am besten

- Greifen Sie beim Lernen auf schriftliche Informationen zurück.
- Schreiben Sie bei Vorträgen mit.
- Schreiben Sie aus Texten Stichwörter heraus.
- Suchen Sie für Lerninhalte nach passenden Vorstellungsbildern.
- Visualisieren Sie Zusammenhänge in Skizzen, Bildern, Übersichten.
- Sehen Sie sich Übersichten und Schemata genau an.

Der auditive Lerntyp

Sie lernen am besten über Ihre Ohren. Wenn Sie aufmerksam zuhören, behalten Sie bei Vorträgen und Diskussionen bereits wesentliche Informationen im Gedächtnis. Sie profitieren davon, Texte laut vorzulesen. Besonders gut lernen Sie, wenn Sie sich abfragen lassen oder anderen Personen Lerninhalte erklären. Besser als mit jedem geschriebenen Buch lernen Sie mit Hörbüchern. Für Sie ist es besonders hilfreich, Lerninhalte auf ein Aufnahmegerät zu sprechen und sich Ihre Aufnahme immer wieder anzuhören (siehe Abschnitt „Diktiergerät").

So lernen Sie als auditiver Lerntyp am besten

- Reduzieren Sie den Lernstoff auf wenige Lernsätze und sagen Sie sich diese laut auf.
- Nehmen Sie Lernstoff mit einem digitalen Diktiergerät auf und hören Sie sich Ihren Lernstoff in Bus und Bahn über Kopfhörer an.
- Überspielen Sie Ihren Lernstoff auf ein Medium, das Sie sich während Autofahrten über Ihr Autoradio anhören können.
- Sprechen Sie mit anderen über Lerninhalte.
- Lassen Sie sich Zusammenhänge erklären.
- Suchen Sie sich Lernorte, an denen Sie nicht durch Umgebungsgeräusche abgelenkt werden.

Der haptische Lerntyp

Sie lernen am besten, indem Sie Lerninhalte gleich praktisch anwenden. Um ein neues Thema möglichst schnell zu lernen, versuchen Sie, möglichst viele praktische Übungen zu machen. Sie beobachten neue Handlungen ganz genau, um sie selbst nachzuahmen. Anstelle von Büchern und Lern-CDs ziehen Sie PC-gestützte Lernprogramme vor. Hier können Sie sich Wissen spielerisch durch Versuch und Irrtum aneignen. Da Sie gerne mit Körpereinsatz lernen, profitieren Sie auch davon, wenn Sie beim Nachdenken ab und zu aufstehen und sich bewegen.

So lernen Sie als haptischer Lerntyp am besten

- Probieren Sie Dinge aus, fassen Sie Dinge an und bewegen Sie sich beim Lernen.
- Machen Sie einen Spaziergang und nehmen Sie Ihren Lernstoff mit. Sprechen Sie Lerninhalte hierzu auf ein Aufnahmegerät oder erstellen Sie Karteikarten.
- Basteln Sie Modelle. Angenommen, Sie studieren Medizin und wollen sich den Aufbau des Kniegelenks merken.

  Dann können Sie die einzelnen Teile des Kniegelenks aus Pappe basteln und miteinander verbinden. Für die Bänder des Kniegelenks können sie Gummibänder nutzen. Durch den Modellbau prägen Sie sich den Aufbau des Kniegelenks ganz genau ein.
- Erstellen Sie Lernposter (siehe Abschnitt „Lernposter").
- Schreiben Sie Stichworte auf, sortieren Sie die Stichworte und legen Sie eine Lernkartei an (siehe Abschnitt „Lernkartei").

Ansprache unterschiedlicher Sinneskanäle

Ihr Lerntyp zeigt an, über welchen Sinneskanal Sie Informationen bevorzugt aufnehmen. Doch selbst wenn Sie ein ausgeprägter visueller, auditiver oder haptischer Lerntyp sind, sollten Sie auch alle anderen Sinneskanäle zum Lernen einsetzen. Wann immer möglich, sollten Sie Lernstoff sowohl über Hören, Sehen als auch praktisches Tun verankern. Hierdurch steigern Sie Ihre Lernleistung erheblich. Denn die unterschiedlichen Sinneseindrücke werden in unterschiedlichen Gehirnregionen gespeichert. Je mehr Gehirnregionen an der Speicherung von Informationen beteiligt sind, desto besser bleiben sie im Gedächtnis.

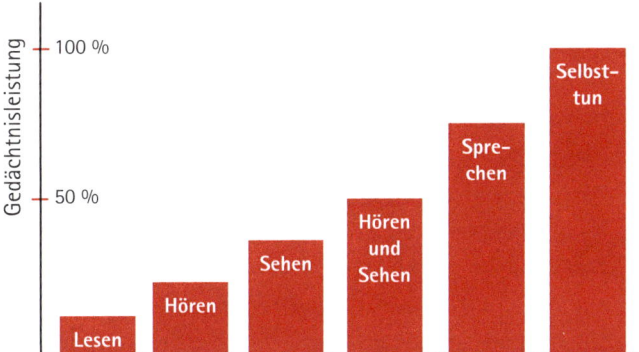

Gedächtnisleistung für eingesetzte Sinneskanäle

Beispiel:

 So sprechen Sie unterschiedliche Sinneskanäle beim Lernen von Vokabeln an:

1 Lesen Sie die neue Vokabel und prägen Sie sich ihr Schriftbild ein (Sehen).

2 Sprechen Sie die Vokabel gleich aus (Hören). Wie klingt sie?

3 Stellen Sie sich die Vokabel vor Ihrem inneren Auge vor (Sehen).

4 Schreiben Sie die Vokabel aus dem Gedächtnis auf (praktisches Tun).

Auf einen Blick: Gehirngerecht lernen

- Lernen heißt, neue Informationen aufzunehmen, zu verarbeiten, zu bewerten, in geeigneter Weise zu reagieren und sich das neue Wissen dauerhaft zu merken.
- Bei jedem Lernvorgang verändert sich unser Gehirn. Lernen ist daher auch der dauerhafte Aufbau neuer und die Verdickung bestehender Nervenverbindungen.
- Nur das, was in unser Langzeitgedächtnis gelangt, behalten wir dauerhaft.
- Das Langzeitgedächtnis speichert Informationen, die wir als wichtig bewerten, etwa weil sie unsere Bedürfnisse erfüllen und uns befähigen, unsere Ziele zu erreichen.
- Aus den Vorgängen im Gehirn lassen sich Prinzipien ableiten, die das Lernen fördern: den Nutzen von Lerninhalten erkennen, Lerninhalte mit Vorwissen sowie mit Emotionen verbinden, praktisch anwenden, wiederholen, mit Bildern und Assoziationen verknüpfen, vereinfachen.
- Man unterscheidet visuelle, auditive und haptische Lerntypen. Wer herausfindet, zu welchem Typ er neigt, kann sein Lernen danach ausrichten – und lernt leichter.

Die richtige Lernstrategie

Erfolgserlebnisse sind der Garant für eine hohe Lernmotivation und diese sorgt bekanntlich für noch mehr Lernerfolge. Deshalb sollten Sie bei sich selbst und in Ihrer Umgebung die nötigen Voraussetzungen für den Erfolg schaffen.

In diesem Kapitel erfahren Sie,

- wie Sie sich motivierende Lernziele setzen,
- wie Sie einen optimalen Lernplan erstellen und Ihre Fortschritte regelmäßig kontrollieren,
- was Sie gegen übermäßigen Stress und Prüfungsangst tun können und
- wie der ideale Lernort aussieht.

So motivieren Sie sich

Eine anhaltend hohe Lernmotivation hilft Ihnen, selbst in schwierigen Lernphasen durchzuhalten.

Setzen Sie sich Ziele

Herausfordernde Aufgaben erfordern von uns Durchhaltevermögen. Dieses wird durch motivierende Ziele gestärkt.

Beispiel:

 1952 unternahm Florence Chadwick, eine US-amerikanische Langstreckenschwimmern, den Versuch, von einer 34 Kilometer weit entfernten Insel ohne Pause bis an die kalifornische Küste zu schwimmen. Als sie bereits 33 Kilometer zurückgelegt hatte, bat sie ein Begleitboot, sie aufzunehmen. Der dichte Nebel und das kalte Wasser hatten der Schwimmerin zugesetzt. Hätte sie sehen können, wie nah sie der Küste zu diesem Zeitpunkt bereits war, wäre sie sicherlich an ihr Ziel geschwommen.

Auch fürs Lernen gilt: Ziele motivieren Sie selbst im Falle von Hindernissen dazu, weiter zu lernen. Wichtig ist dabei, seine Ziele stets klar vor Augen zu haben. Und je attraktiver die Lernziele sind, desto höher wird die Bereitschaft ein, Zeit und Energie in ein Lernvorhaben zu stecken.

Bedürfnisse – was treibt Sie an?

Lernziele sind immer dann attraktiv, wenn Sie mit ihrer Erreichung einen hohen persönlichen Nutzen verknüpfen, also Ihre zentralen Bedürfnisse befriedigen.

Beispiele

Bedürfnis nach Anerkennung: Ein Mann möchte von seinen Freunden Anerkennung bekommen. Hierzu möchte er sich einen schnellen Sportwagen zulegen. In seinem jetzigen Job als Sachbearbeiter verdient er jedoch nicht genug Geld, um sich einen solchen Wagen leisten zu können. Anders sieht es aus, wenn er in seinem Unternehmen eine gut bezahlte Stelle im Vertrieb ergattert. Für diese Stelle benötigt er ausgezeichnete Verkaufs- und Präsentationstechniken. Um sich diese anzueignen, besucht er entsprechende Trainings.

Bedürfnis nach Zugehörigkeit: Ein Jugendlicher möchte von einer Gruppe junger Leute akzeptiert werden. Schnell findet er heraus, dass diese Gruppe häufig Poker-Turniere veranstaltet. Er ist davon überzeugt, dass ihn die Gruppe aufnehmen wird, wenn er richtig pokern kann. Also übt er mit Hilfe von Computer-Software, um sich das Spiel beizubringen.

Bedürfnis nach Sicherheit: Eine junge Frau möchte studieren, aber von vornherein sicher gehen, dass sie danach einen Arbeitsplatz findet. Um ihre Chancen auf dem Arbeitsmarkt zu steigern, plant sie ein Studium an einer renommierten Universität. Weil sie weiß, dass ein Studium an dieser Universität ihrem Bedürfnis nach Sicherheit dient, macht es ihr nichts aus, für die Aufnahmeprüfung viele Stunden zu lernen.

Bedürfnis nach Abwechslung: Eine Sekretärin in einem kleinen Unternehmen hat nur eine begrenzte Anzahl an Aufgaben und sie sehnt sich nach mehr beruflicher Abwechslung. Also erkundigt sie sich, wie ihre Arbeit in einem internationalen Großkonzern aussehen könnte. Sie findet eine potentielle Stelle, bei der sie abwechslungsreichere Aufgaben erwarten würden. Doch dieser Arbeitgeber fordert von Bewerbern exzellente PC-Kenntnisse. Die Zeit und Energie, am Abend und am Wochenende einen PC-Kurs zu besuchen und am heimischen PC fleißig zu üben, gewinnt sie aus der Überzeugung, dass ihr eine neue Arbeit mehr Freude machen wird.

Nur wenn Sie Lernziele mit Ihren persönlichen Bedürfnissen verknüpfen, sind diese Ziele wirklich attraktiv für Sie und motivieren Sie, ausdauernd zu lernen. Stellen Sie sich in regelmäßigen Abständen die Frage, welche Bedürfnisse Sie antreiben. Überlegen Sie nun, welches Wissen und welche Fertigkeiten Ihnen dabei helfen, diese Bedürfnisse zu befriedigen. Auf diese Weise machen Sie sich das Lernen von neuem Wissen und neuen Fertigkeiten schmackhaft.

Ihnen ist unklar, welche Bedürfnisse Sie antreiben? Dann werden Ihnen die folgenden Fragen weiterhelfen.

Was ist Ihnen wichtig?
Von anderen Menschen akzeptiert zu werden?
Von anderen Menschen Anerkennung zu erhalten?
Für andere Menschen eine wichtige Funktion zu erfüllen?
Anderen Menschen helfen zu können?
Anderen Menschen etwas beibringen zu können?
Sich mit anderen Menschen im Wettstreit zu messen?
Von anderen Menschen unabhängig zu sein?
Sich ständig weiterzuentwickeln?
Ein hohes Maß an Sicherheit?
Abwechslung im Leben?

Setzen Sie sich messbare Ziele

Ihre Ziele sollten nicht nur attraktiv, sondern auch messbar sein. Hierzu definieren Sie Kriterien, anhand derer Sie überprüfen können, ob Sie ein Ziel tatsächlich erreicht haben. Für diesen Zweck sollten Sie ein Ziel so konkret wie möglich formulieren.

> Erst wenn Sie ein Ziel so konkret wie möglich ausformulieren, können Sie Ihr Handeln danach ausrichten.

Beispiele

Bedürfnis nach Abenteuer: Ein Schüler hat von seinen Mitschülern erfahren, wie aufregend ein Schüleraustausch sein kann. Jetzt will er im kommenden Jahr unbedingt an einem Austausch in England teilnehmen. Doch seine Eltern wollen erst einen sichtbaren Beweis, dass er durch diesen Austausch auch wirklich seine Englischkenntnisse verbessern möchte. Diesen Beweis möchte er durch eine gute Note in der nächsten Englischarbeit erbringen. Also fasst er sich ein messbares Ziel: In der nächsten Englischarbeit will ich anstelle einer Drei eine Zwei erhalten.

Bedürfnis nach Anerkennung: Eine Frau nimmt schon seit einer Weile Klavierunterricht, doch bisher hat sie für ihr Klavierspiel noch keinerlei Anerkennung bekommen. Jetzt plant ihre Musikschule ein Klavierkonzert, an dem sie teilnehmen möchte. Ihr messbares Ziel: Sie will auf diesem Klavierkonzert zwei Stücke von Mozart fehlerfrei vorspielen.

Setzen Sie sich realistische Ziele

Achten Sie darauf, dass Sie sich realistische Lernziele setzen. Auf diese Weise sorgen Sie für regelmäßige Erfolgserlebnisse, die Ihr Selbstvertrauen und Ihre Lernmotivation steigern. Gerade zu Beginn eines Lernvorhabens sollten Sie mit kleinen, leicht erreichbaren Teilzielen arbeiten. Diese Teilziele motivieren Sie, mit dem Lernen zu beginnen, anstelle lange zu hadern. Nach und nach können Sie dann anspruchsvollere Ziele in Angriff nehmen. Schließlich haben Motivationsforscher herausgefunden, dass wir gerade herausfordernde Ziele als Anreiz erleben. Allerdings sollten diese Ziele auch erreichbar sein.

Formulieren Sie Ziele positiv

Es ist schwer, sich selbst mit Verneinungen und Negativformulierungen zu motivieren. Verzichten Sie auf Verneinungen. Sagen Sie anstelle von „Ich will in der Prüfung nicht durchfallen" besser „Ich will die Prüfung bestehen"!

Leiten Sie Maßnahmen aus Ihren Zielen ab

Jetzt sollten Sie Ihr Ziel mit der Formulierung von ersten Handlungsschritten verknüpfen. Ihr Ziel wirkt außerdem besonders attraktiv, wenn Sie noch eine motivierende Begründung für Ihr Handeln hinzufügen.

Beispiele

„Ich will im nächsten Vokabeltest eine Zwei erzielen. Hierzu muss ich mindestens 85 Prozent aller Vokabeln richtig übersetzen. Deshalb werde ich ab morgen jeden Tag 30 neue Wörter lernen. Durch das kontinuierliche Training werde ich alles in der Prüfung sicher beherrschen. Hierdurch werde ich sicherlich eine Zwei erzielen. Dieses Prüfungsergebnis wird mir wiederum die Anerkennung meiner Eltern einbringen."

> „Damit ich bei dem Klavierkonzert zwei Stücke von Mozart fehlerfrei vorspielen kann, übe ich diese Stücke jeden Tag eine Stunde lang. Durch das Üben werde ich die Stücke im Konzert sicher spielen. Das Publikum und meine Klavierlehrerin werden zufrieden sein."

Wir alle wollen lernen

Vielleicht gehören Sie zu den glücklichen Menschen, die aus sich heraus gerne lernen. Dann ist dieses Buch für Sie nur eine weitere willkommene Gelegenheit, sich neues Wissen anzueignen. Solche Menschen bezeichnen Motivationsforscher als „intrinsisch" (d.h. von innen heraus) motiviert.

Von Natur aus stehen die Chancen für unsere Lernmotivation nicht schlecht. Schließlich ist es für Menschen praktisch unmöglich, nicht zu lernen. Wir alle schenken neuen Informationen eine erhöhte Aufmerksamkeit.

Dank dieser Neugierde haben bereits unsere Vorfahren die Augen offen gehalten und erkannt, welche Verhaltensweisen ihnen nützen und welche potenzielle Gefahren bergen. Weil Lernen überlebensnotwendig ist, schüttet unser Gehirn Glückshormone aus, wenn es uns gelingt, neues Wissen bzw. neue Fähigkeiten zu erwerben. Hierdurch wird Lernen für uns attraktiv.

Beispiele

Eine Schülerin lernt in der Schule Französisch. Nach zwei Jahren nimmt sie an einem Schüleraustausch in Frankreich teil. Dort merkt sie, dass sie sich schon recht gut auf Französisch verständigen kann. Sie freut sich darüber und beteiligt sich nach ihrer

Rückkehr nach Deutschland mit großem Elan am Französischunterricht.

Sind Belohnungen hilfreich?

Spätestens ab der Schulzeit verbinden wir Lernen nicht nur mit Glücksgefühlen, sondern auch mit Anstrengung. Schließlich können wir uns viele Lernaufgaben nicht selbst aussuchen. Jetzt sollten wir uns auch regelmäßig für Lernfortschritte belohnen. Dank dieser Belohnung, werden wir schon bald vormals ungeliebte Lernaufgaben mit positiven Gefühlen verbinden. Diese Gefühle steigern wiederum Ihre Lernmotivation und Ihre Merkleistung.

So planen Sie Belohnungen:

- Wenn Sie für eine herausfordernde Prüfung lernen, sollten Sie für einen Prüfungserfolg eine besonders große Belohnung (z.B. eine Reise) vorsehen. Die in Aussicht gestellte Belohnung wird Ihre Lernmotivation steigern.
- Allerdings besteht ein erfolgreiches Lernvorhaben aus vielen kleinen Lerneinheiten. Diese werden attraktiv, sobald Sie für jede erfolgreich abgeschlossene Lerneinheit eine kleine Belohnung (z.B. eine Tasse Ihres Lieblingstees) vorsehen.
- Am Ende eines erfolgreichen Lerntages oder einer Lernwoche können Sie eine mittlere Belohnung (z.B. ein Abendessen mit Freunden) einplanen. So starten Sie motiviert in den nächsten Tag.

> Damit Lernen mit Belohnungen verknüpft wird, sollten Sie sich unmittelbar nach einem Lernerfolg belohnen.

Wie schätzen Sie Ihre Erfolgsaussichten ein?

Ihre Lernmotivation hängt stark davon ab, wie Sie Ihre Chancen einschätzen, eine Lernaufgabe zu bewältigen und erfolgreich abzuschließen.

Objektiv betrachtet

Weil viele Lernaufgaben Kraft- und Zeitaufwand erfordern, entscheiden wir uns vorzugsweise für solche, bei denen wir uns gute Erfolgschancen ausrechnen.

Beispiel:

Eine junge Frau absolviert gerade einen Bachelor-Studiengang. Danach möchte sie einen der begehrten Studienplätze in einem Master-Studium ergattern. Hierzu braucht sie einen guten Notendurchschnitt. Jetzt steht sie vor der Entscheidung, in welchen Fächern sie ihre Abschlussprüfung ablegt. Natürlich will sie sich nur zu Prüfungen anmelden, für die sie sich gute Erfolgschancen ausrechnet. Um dies realistisch einschätzen zu können, nutzt sie alle Informationskanäle, um mehr über die jeweiligen Anforderrungen zu erfahren.

Sie spricht mit Kommilitonen und Dozenten bzw. hört zu, wie diese über die bevorstehende Prüfung sprechen. Sie findet Ansprechpartner, die ähnliche Prüfungen erst kürzlich absolviert haben. Da alle diese Aussagen auch immer subjektiv sind, weiß sie: Je mehr Personen Sie befragt, desto aussagekräftiger werden ihre Informationen.

Informationen über Prüfungsanforderungen helfen Ihnen dabei einzuschätzen, wie gut Ihre Chancen sind, eine Prüfung durch eine sorgfältige Vorbereitung zu bestehen. Denn wenn Sie erfahren, welches Wissen in welcher Form in einer Prüfung abgefragt wird, können Sie Ihre Erfolgsaussichten durch eine systematische Vorbereitung erheblich steigern. Anders sieht es hingegen aus, wenn Sie erfahren, dass der Schweregrad einer Prüfung von der Sympathie oder Antipathie eines Prüfers gegenüber Prüfungsteilnehmern abhängt.

Subjektive Einschätzung

Wie positiv Sie Ihre Erfolgsaussichten einschätzen, hängt auch von Ihrem Selbstbild ab. Motivationsforscher unterschieden diesbezüglich zwischen erfolgs- und misserfolgsmotivierten Personen. Erfolgsmotivierte Menschen gehen mit Optimismus an eine Vorbereitung heran und sind in aller Regel dazu bereit, Zeit und Energie in Ihre Lernvorhaben zu investieren. Misserfolgsmotivierte Menschen setzen hingegen alles daran, eine herausfordernde Situation zu vermeiden, um einem vermeintlichen Misserfolg aus dem Weg zu gehen.

> Während erfolgsmotivierte Menschen auf Ihre Leistungsfähigkeit vertrauen und an Ihren Erfolg glauben, zweifeln misserfolgsmotivierte Menschen an Ihren Fähigkeiten und erwarten entsprechende Misserfolge.

Warum Menschen auch dann an ihren Überzeugungen festhalten, wenn Sie wider Erwarten Erfolge bzw. Misserfolge erleben, liegt an ihrer Ursachenzuschreibung. Erfolgsmotivierte Menschen schreiben sich Erfolge selbst zu, Misserfolge sind für sie Zufall (z.B. bei einer Prüfung: „Irgendwie habe ich mich schon vorher schlapp gefühlt"). Misserfolgsorientierte Menschen hingegen bertachten Erfolge als Zufallsprodukt („Ich habe die Prüfung nur bestanden, weil der Prüfer einen guten Tag hatte") und Misserfolge als Bestätigung ihrer mangelnden Leistungsfähigkeit.

Wenn Sie zu der glücklichen Gruppe erfolgsmotivierter Menschen gehören, werden Sie höchstwahrscheinlich keinerlei Motivationsprobleme haben.

So sollten Sie vorgehen, wenn Sie sich als misserfolgsmotiviert erleben, z.B. bei einer bevorstehenden Prüfung:

- Führen Sie sich immer wieder Ihre bisherigen Prüfungserfolge vor Augen.
- Machen Sie sich bewusst, worin Ihr Eigenanteil an diesen Erfolgen liegt. Hierzu können Sie auch vertraute Personen befragen.
- Überlegen Sie, ob Sie übertrieben hohe Erwartungen an Ihre Prüfungsleistung haben. Werten Sie eine durchschnittliche Leistung bereits als Misserfolg? Freuen Sie sich lieber über jede bestandene Prüfung. Natürlich können Sie sich über besonders gute Ergebnisse besonders freuen.
- Setzt Sie Ihr Umfeld unter Erfolgsdruck, sollten Sie überlegen: Ist es für Ihr persönliches Glück wirklich wichtig, alle Erwartungen, die Menschen an Sie stellen, zu hundert Prozent zu erfüllen?

So erstellen Sie einen Lernplan

Wenn Sie eine umfangreichere Lernaufgabe bewältigen wollen, profitieren Sie von einem Lernplan, in dem Sie festlegen, bis zu welchem Zeitpunkt Sie welche Lernschritte bewältigen. Besonders hilfreich ist ein Lernplan, wenn Sie für eine Prüfung lernen. In diesem Fall müssen Sie von außen vorgegebene Lernanforderungen bis zu einem bestimmten Termin erfüllen. Ein Lernplan hilft Ihnen dabei, Ihre Vorhaben bis zur Prüfung systematisch zu planen.

Er hilft Ihnen,

- die Übersicht über den erforderlichen Lernstoff zu gewinnen,
- Ihren Zeit- und Energieeinsatz zu planen,
- Ihre Lernfortschritte zu kontrollieren und
- bei Bedarf frühzeitig Korrekturmaßnahmen zu ergreifen.

Bestandsaufnahme

Ein systematischer Lernplan trägt maßgeblich zu Ihrem Lernerfolg bei. Als Grundlage sollten Sie sich zunächst drei Fragen stellen.

Welches Wissen wird vorausgesetzt?

Für Ihre zeitliche Planung ist es wichtig, das Sie sich zuallererst ein Bild davon machen, wie viel Lernstoff in einer Prüfung vorausgesetzt wird.

Beispiel:

Sicherlich kennen Sie aus der Schulzeit Prüfungen, für die Sie lediglich den Stoff der vergangenen Monate beherrschen mussten, während in Abschlussprüfungen in der Regel der Lernstoff mehrerer Jahre abgefragt wird.

Wie intensiv muss ich dieses Wissen beherrschen?

Als nächstes sollten Sie in Erfahrung bringen, wie intensiv Sie sich mit dem Lernstoff auseinandersetzen sollen. Hierzu klären Sie, in welcher Form der Lernstoff in einer Prüfung abgefragt wird.

Beispiel

Steht Ihnen ein Vokabeltest bevor, wird in aller Regel erwartet, dass Sie die Bedeutung von Vokabeln aus dem Gedächtnis abrufen können. Erwartet Sie hingegen eine mathematische Textaufgabe, wird es nicht genügen, Wissen lediglich zu reproduzieren, vielmehr müssen Sie mathematische Zusammenhänge verstanden haben und praktisch anwenden können.

Welches Ergebnis möchte ich erzielen?

Schließlich überlegen Sie, welches Prüfungsergebnis Sie erreichen wollen. Wenn für eine Prüfung nachvollziehbare Bewertungskriterien bestehen, bringen Sie in Erfahrung, was von Ihnen erwartet, um ein bestimmtes Ergebnis zu erreichen.

Hierzu befragen Sie Personen, die eine Prüfung bereits abgelegt haben. Diese Personen können Ihnen oftmals auch Zusammenfassungen von Lernunterlagen geben oder empfehlen.

Prüfen Sie, ob die Unterlagen alle wichtigen Informationen erhalten und leicht verständlich sind.

Erstellen Sie Ihren Plan

Nachdem Sie alle nötigen Lernunterlagen zusammengesucht haben, schätzen Sie ab, wie lange Sie für die Bearbeitung der Unterlagen brauchen werden.

Schritt für Schritt zum Lernplan
1 Messen Sie mit einer Stoppuhr, wie lange Sie durchschnittlich brauchen, um eine Seite aufmerksam zu lesen, wichtige Textstellen zu markieren und Informationen herauszuschreiben (siehe Techniken im Kapitel „Neues Wissen erschließen und strukturieren").
2 Multiplizieren Sie diesen Wert mit der Anzahl aller zu bearbeitenden Seiten.
3 Verdreifachen Sie diesen Gesamtwert, erhalten Sie einen guten Schätzwert für die Zeit, die Sie zur Bearbeitung, Einübung und Wiederholung von Lernstoff sowie für kurze Erholungspausen brauchen.
4 Jetzt rechnen Sie aus, wie viele Tage Sie aller Voraussicht nach zum Lernen benötigen werden. Berücksichtigen Sie hierbei, dass es unrealistisch ist, dass Sie täglich mehr als sechs Stunden lernen werden. In aller Regel lernen Menschen nicht mehr als vier Stunden pro Tag.

5. Sobald Sie die Anzahl der erforderlichen Lerntage bestimmt haben, rechnen Sie vom Prüfungstermin aus rückwärts, wann Sie spätestens mit dem Lernen anfangen sollten.

6. Nachdem Sie die erforderliche Zahl an Lerntagen geschätzt haben, können Sie ermitteln, wie viele Wochen Sie zum Lernen einplanen sollten. Im Idealfall steht Ihnen so viel Zeit zur Verfügung, dass Sie die letzte Woche vor einer Prüfung zur reinen Wiederholung des Lernstoffs nutzen können.

7. Teilen Sie nun das gesamte Lernpensum auf die zur Verfügung stehenden Wochen auf. Verteilen Sie das Lernpensum einer Woche auf die einzelnen Wochentage. Verplanen Sie Samstage und Sonntage nur, wenn Ihnen nichts anderes übrig bleibt. Diese Tage nutzen Sie als Puffer für Unvorhergesehenes freihalten und für Wiederholungen des Lernstoffs.

Bilden Sie Lernblöcke

Um einen guten Überblick über das tägliche Lernpensum zu gewinnen, fassen Sie ähnliche Lernthemen zu Lernblöcken zusammen.

> Ihre Lernblöcke sollten nicht länger als 60 Minuten dauern. Ein idealer Lernblock besteht aus drei Mal 15 Minuten.

Allerdings haben Lernforscher herausgefunden, dass die Bearbeitung neuer Lerninhalte den Abruf von unmittelbar zuvor gespeicherten Lerninhalten erschweren kann, wenn diese einander sehr ähneln. Bei der Planung der einzelnen Arbeitsblöcke sollten Sie deshalb darauf achten, dass Sie von Arbeitsblock zu Arbeitsblock unterschiedliche Lernthemen bearbeiten.

Neben dieser sog. Ähnlichkeitshemmung empfiehlt es sich, bei der Planung von Arbeitsblöcken auch den sog. Primacy-Recency-Effekt zu bedenken. Lernforscher konnten zeigen, dass wir uns besonders gut an Inhalte erinnern können, mit denen wir uns zu Beginn und am Ende einer Lerneinheit beschäftigt haben.

Beispiel:

Wenn Menschen gefragt werden, wie ihnen ein Film gefallen hat, fallen ihnen meist sofort der Anfang und das Ende eines Films ein. Aus diesem Grund legen Regisseure besonderen Wert auf einen eindrucksvollen Filmbeginn und ein eindrucksvolles Ende.

Der Primacy-Recency-Effekt erklärt, warum Sie sich Lerninhalte, die in der Mitte eines Arbeitsblocks liegen, schlechter merken können. Bearbeiten Sie gerade schwierige Lerninhalte direkt zu Beginn oder am Ende eines Lerndurchgangs. Damit Ihnen keine Lerninhalte entgehen, variieren Sie die Reihenfolge von Lerninhalten regelmäßig.

Insgesamt planen Sie maximal fünf Arbeitsblöcke pro Tag ein. Wenn Sie zu lange am Stück lernen, überanstrengen Sie Ihr

Gehirn. Wenn Sie am selben Tag noch mehr lernen wollen, steht der erforderliche Zeit- und Energieaufwand in keinem Verhältnis zum Lernergebnis. Am besten planen Sie Arbeitsblöcke zu festen Tageszeiten ein. An diese Zeiten sollten Sie sich möglichst genau halten, so dass regelmäßiges Lernen schnell zur Gewohnheit für Sie wird.

Neben Phasen, in denen Sie sich neuen Lernstoff einprägen, sehen Sie in Ihrem Lernplan regelmäßige Wiederholungen vor. Denn nur durch regelmäßige Wiederholungen können Sie dem Vergessen entgegen wirken.

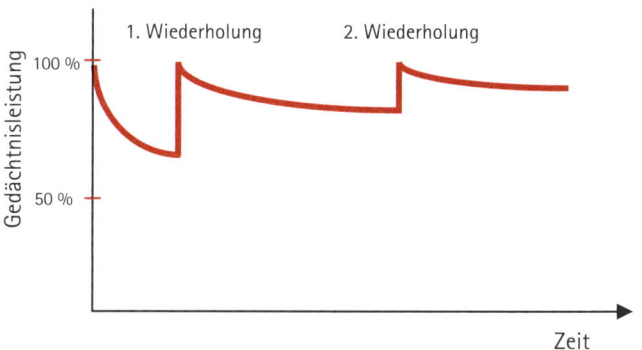

Vergessenskurve in Abhängigkeit von Wiederholungen

Die Vergessenskurve geht auf den deutschen Psychologen Hermann Ebbinghaus zurück. Er fand heraus, dass wir ohne Wiederholung bereits 20 Minuten nach dem Lernen 40 Prozent des Gelernten vergessen haben. Nach einem Tag können wir uns ohne Wiederholung gerade einmal an 30 Prozent des Gelernten erinnern. Um dem schnellen Vergessen entgegen zu wirken, sollten wir neuen Lernstoff rasch wiederholen. Durch jede Wiederholung verankern wir Lernstoff tiefer im Gedächtnis, so dass auch der Zeitabstand von Wiederholung zu Wiederholung zunehmen kann. Gerade am letzten Tag vor einer Prüfung sollten Sie nichts Neues mehr lernen. Denn wenn Ihnen zu wenig Zeit zur Wiederholung bleibt, haben Sie das Wissen am nächsten Tag schon wieder vergessen.

> Je detaillierter Ihr Lernplan ist, desto besser können Sie kontrollieren, ob Sie gut im Zeitplan liegen. Gleichzeitig ist es ausgesprochen motivierend, einen Arbeitsblock nach dem anderen als erledigt abzuhaken.

Ihre persönliche Leistungskurve

Die meisten Menschen erreichen gegen zehn Uhr morgens den Höhepunkt ihrer geistigen Leistungsfähigkeit. Um die Mittagszeit nimmt die Leistungsfähigkeit in aller Regel deutlich ab. Erst gegen 18 Uhr erleben die meisten Menschen ein zweites Leistungshoch. Dieser tageszeitliche Leistungsverlauf wird durch genetische Faktoren beeinflusst, so dass es auch Menschen gibt, die stark vom Durchschnitt abweichen.

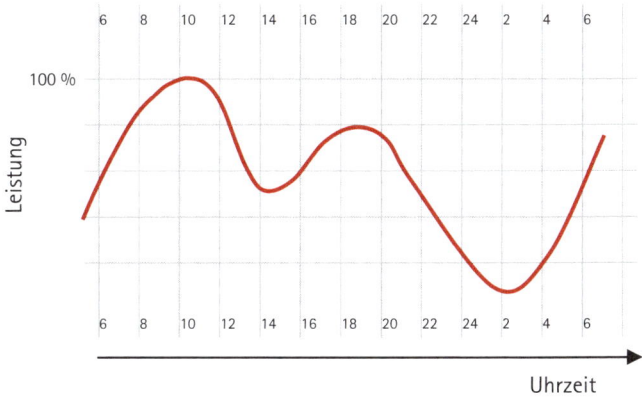

Tageszeitliche Leistungskurve

Beispiel:

 Bestimmt kennen Sie Personen, die bereits in den frühen Morgenstunden besonders leistungsfähig sind. Diese Menschen nennt man Lerchen-Typen. Sie kennen aber sicherlich auch Menschen, die abends besonders leistungsfähig sind. Diese werden als Eulen-Typen bezeichnet.

Finden Sie heraus, zu welchem Typ Sie gehören. Halten Sie zum Lernen nach Tageszeiten Ausschau, in denen Sie besonders leistungsfähig sind und gleichzeitig wenig gestört werden.

Pausen einplanen

Lernpausen stellen eine gute Konzentrationsleistung sicher. Für viele Lernvorgänge ist es wichtig, dass wir uns auf neue Informationen konzentrieren. Doch spätestens nach 15 Minuten geistiger Arbeit sinkt Ihre Konzentrationsleistung rapide. Nach etwa 60 Minuten erreicht sie ein Minimum.

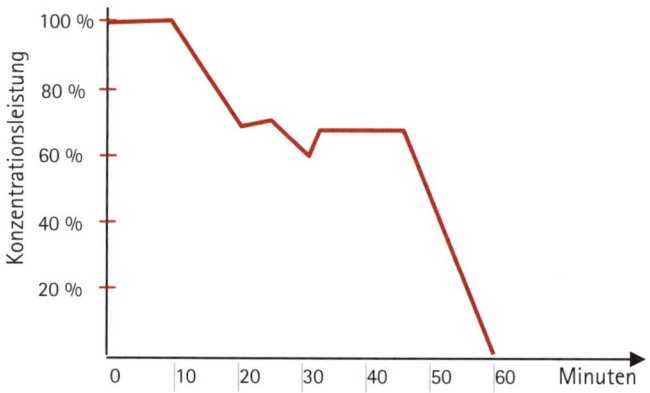

Zeitlicher Verlauf der Konzentrationsleistung

Kurze Pausen alle 15 Minuten

Durch regelmäßige Erholungspausen können Sie Ihre Konzentrationsleistung auf einem hohen Niveau halten. Hierzu sollten Sie spätestens nach 15 Minuten eine kurze Erholungspause einlegen. Selbst wenn diese Pause nur wenige Minuten dauert, fördert sie Ihre Konzentrationsleistung. Hierzu können Sie kurz die Augen schließen, tief durchatmen, Rücken, Arme und Beine strecken. Sie können auch aus dem Fenster in die Ferne blicken, um Ihre Augen zu entspannen, und vor allem einen Schluck trinken. Schließlich ist regelmäßige Flüssigkeitsaufnahme wichtig, um für eine gute Blutversorgung des Gehirns zu sorgen.

Längere Pausen alle 60 Minuten

Nach jedem Arbeitsblock (also idealerweise nach 60 Minuten) legen Sie eine längere Pause ein. Hierzu sollten Sie Ihren Arbeitsplatz verlassen. Jetzt können Sie beispielsweise eine Tasse Tee aufgießen, Musik hören, Obst essen oder ein paar Schritte an der frischen Luft gehen. Diese regelmäßigen Entspannungspausen sind wichtig, um Ihre Konzentrationsleistung und Ihre Lernmotivation auf einem hohen Niveau zu halten.

> Sparen Sie gerade bei wichtigen Lernprojekten nicht an regelmäßigen Erholungspausen.

Am Ende des Lerntags: für Ausgleich sorgen

Wenn Sie merken, dass Sie Ihr Tagespensum erreicht haben, sollten Sie das Lernen beenden und den Tag möglichst entspannt ausklingen lassen. Setzen Sie gezielte Kontrastpunkte zu Ihrem Lernalltag:

- Einen optimalen Ausgleich bietet moderater Ausdauersport (z.B. Joggen oder Fahrradfahren) an der frischen Luft. Studien haben ergeben, dass regelmäßige Bewegung die Durchblutung des Gehirns steigert. Es wird dadurch gut mit

Sauerstoff und Nährstoffen versorgt und angeregt, neue Gehirnzellen zu bilden. Diese wiederum sind eine optimale Grundlage für Ihre Lernvorhaben.

- Auch Musik hören oder spielen ist eine optimale Pausenbeschäftigung. Hierbei aktivieren Sie viele verschiedene Hirnregionen. Mit etwas Glück entstehen so neue Verbindungen zwischen Nervenzellen dieser Regionen zu Nervenzellen, die an der Verarbeitung neuer Lerninhalte beteiligt sind.

Verschaffen Sie sich Zeit zum Lernen

Gerade wenn Sie für eine wichtige Prüfung lernen, sollten Sie ausreichend Zeit dafür reservieren. Doch das ist leichter gesagt als getan.

Beispiele

Ein Physikstudent muss viel lernen. Doch dafür bleibt ihm nur wenig Zeit, weil er sich seinen Lebensunterhalt durch Nebenjobs verdienen muss.

Ein Familienvater besucht abends nach seiner Arbeit einen Kurs in „Business English". Er möchte sein Englischkenntnisse vertiefen, weil er beruflich zunehmend mit internationalen Kunden zu tun hat. Doch auch seine Partnerin und seine Kinder wollen Zeit mit ihm verbringen. Deshalb verschiebt er die Nachbereitung der Kursinhalte meist bis tief in die Nacht. Inzwischen sehnt er sich nach ausreichend Schlaf.

So bringen Sie Ihre Lernprojekte besser mit Ihren übrigen Alltagsaufgaben unter einen Hut:

- Setzen Sie Prioritäten: Überlegen Sie, wie wichtig Ihnen eine Lernaufgabe ist und auf welche Tätigkeiten Sie für die Bewältigung dieser Aufgabe zeitweise verzichten könnten.
- Planen Sie Lernzeiten realistisch: Ihr Lernplan hilft Ihnen dabei zu prüfen, wie viel Zeit Sie tatsächlich zum Lernen reservieren sollten.
- Ziehen Sie Konsequenzen: Auf welche Tätigkeiten müssen Sie zeitweise verzichten, um Ihr Lernziel zu erreichen?
- Überzeugen Sie Betroffene: Wer könnte darunter leiden, wenn Sie vorübergehend bestimmte Aktivitäten zurückschrauben? Überzeugen Sie diese Personen vom Nutzen Ihres Lernvorhabens.
- Sorgen Sie für Ausgleich: Planen Sie gerade in Lernphasen feste Zeitfenster, in denen Sie Zeit mit Menschen verbringen, die Ihnen wichtig sind.
- Entlasten Sie sich: Sorgen Sie für ausreichend Zeit zum Lernen. Wenn Sie Kinder haben, könnte Sie eine Kinderbetreuung entlasten. Üben Sie einen Studentenjob aus, sollten Sie überprüfen, ob Sie für ein wichtiges Lernprojekt auf diesen Job verzichten können. Im Berufsleben lohnt es sich, darüber nachzudenken, ob Sie Ihre Arbeitsstunden zeitweise reduzieren können.
- Holen Sie sich Unterstützung: Prüfen Sie, ob Ihnen jemand wichtige Lernthemen erklären kann. Stellen Sie auch fest,

ob Menschen in Ihrem Umfeld zeitweise Aufgaben für Sie übernehmen können, die Sie vom Lernen abhalten würden.

Es empfiehlt sich bei großen Lernvorhaben, sich mit Zeitmanagement-Techniken vertraut machen. Diese helfen dabei, Lernen, Job, Familie und Freizeit besser unter einen Hut zu bringen. Hierzu finden Sie im TaschenGuide „Zeitmanagement" (siehe Literaturverzeichnis) viele wertvolle Tipps.

So gehen Sie mit Störungen um

Lernen ist nur dann effizient, wenn Sie nicht gestört werden. Wenn Sie sich mit einer neuen Lerninformation beschäftigen, dauert es erst eine Weile, bis Sie diese soweit verarbeitet haben, dass sie im Gedächtnis verankert werden kann. Hierzu wird eine Information in Ihre Bestandteile zerlegt und mit Vorwissen abgeglichen. Wenn Sie Anknüpfungspunkte zu bereits bestehendem Wissen finden, steigt Ihre Lernleistung stark an. Werden Sie jedoch während dieses Prozesses gestört, kann es passieren, dass Sie einen Lernvorgang ganz von vorne beginnen müssen.

Warum Störungen schädlich sind

Wenn Sie gestört werden, können Sie sich meist nur noch wenige Sekunden an eine Lerninformation erinnern, mit der Sie sich gerade befasst haben. Dauert eine Störung länger, gehen die jüngsten Lerninformationen verloren. Wenn Sie sich die Verlaufsform der Lernleistungskurve in der folgenden Grafik ansehen, erkennen Sie sofort, warum dieser Effekt als Sägeblatteffekt bezeichnet wird.

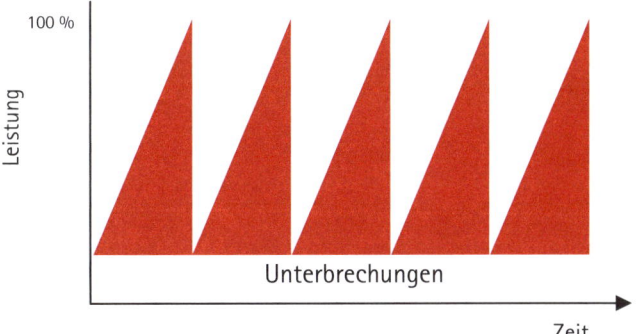

Abfall der Lernleistung bei Störungen

> Versuchen Sie Störungen so kurz wie möglich zu halten. Damit Sie sich möglichst schnell wieder vorausgegangenen Lerninformationen zuwenden können.

So beugen Sie Störungen vor

Am effizientesten lernen Sie, wenn Sie Störungen von vornherein ausschließen können. Hierzu müssen Sie zunächst alle Störquellen ausfindig machen. Erst wenn Sie wissen, wer oder was Sie während eines Lernvorgangs stören könnte, sind Sie in der Lage, dem vorzubeugen. Nutzen Sie die folgende Tabelle, um mögliche Störquellen zu identifizieren und Vorbeugemaßnahmen zu planen.

Welche Störungen könnten mich aus einem Lernvorgang reißen?	Wie kann ich diesen Störungen vorbeugen?

Um Störungen zu reduzieren, sollten Sie Personen in Ihrem Umfeld frühzeitig über Ihr Lernvorhaben informieren. Hierzu vereinbaren Sie mit ihnen „stille Stunden", in denen Sie nicht gestört werden wollen.

Arbeiten Sie mit Ankern

Um nach Störungen schnell wieder gedanklich an ein Thema anknüpfen zu können, sollten Sie mit sog. Ankern arbeiten. Das sind Kurzinformationen, wie beispielsweise Stichworte oder kleine Zeichnungen, die wichtige Lerninformationen in vereinfachter Form festhalten.

So arbeiten Sie mit Ankern:

- Sobald Sie einen Text zur Hand nehmen, sollten Sie Stifte, Textmarker und Lesezeichen parat halten.
- Wenn Sie gestört werden, markieren Sie die Textseite, die Sie gerade bearbeiten, mit einem Lesezeichen, um sie nach einer Störung schnell wiederzufinden.
- Markieren Sie nun die Textpassage, an der Sie sich gerade befinden, mit einem Textmarker.
- Auf Höhe dieser Textpassage bringen Sie am Buchrand mit einem Stift Stichworte oder Zeichnungen an, welche die aktuellen Lerninformationen vereinfacht darstellen.

Stress – förderlich oder hinderlich?

Stress kann sich in Abhängigkeit von der Intensität sowohl förderlich als auch hinderlich auf Ihre Lernleistung auswirken. Da moderater Stress die Konzentrationsfähigkeit steigert, sollten Sie Stress nicht um jeden Preis vermeiden. Oft ist Stress ein Indikator dafür, dass Sie eine Prüfung tatsächlich als Herausforderung erleben. Nur dann werden Sie auch die nötige Zeit und Energie in Ihre Vorbereitung investieren, um ein gutes Ergebnis zu erzielen. Erst starker Stress wirkt sich negativ auf Ihre Konzentrations- und Gedächtnisfähigkeit aus.

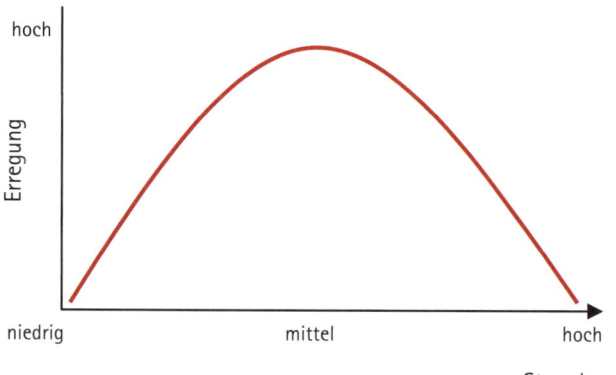

Zusammenhang von Leistungsfähigkeit und Stress (Erregung)

Was Stress bewirkt

Sobald Sie eine Situation als Bedrohung erleben, versetzt Ihr Gehirn Ihren Körper in Alarmbereitschaft. Noch heute bereitet sich unser Körper dann auf Kampf-, Flucht- oder Totstellreaktionen vor. Diese Verhaltensmuster waren für unsere Vorfahren überlebenswichtig, wenn Sie in freier Wildbahn einem Säbelzahntiger begegneten.

Ihr Körper schüttet in solchen Situationen große Mengen Cortisol aus. Dieses Hormon führt dazu, dass Ihr Herz schneller schlägt und Ihre Atemfrequenz steigt. Jetzt werden Muskel- und Nervenzellen mit viel sauerstoffreichem Blut versorgt. Gleichzeitig werden Zuckerreserven mobilisiert. Auf diese Weise steigt die Verbrennungsleistung der Zellen schlagartig an. In Stresssituationen sind Sie daher für eine gewisse Zeit besonders wach, aufmerksam und leistungsfähig. Gerade in der Prüfungsvorbereitung profitieren Sie so von einem angemessenen Stresspegel. Er sorgt dafür, dass Sie ausdauernd Lernen können.

> Stress wird erst dann für Ihr Lernvorhaben problematisch, wenn er ein zu hohes Niveau erreicht.

Unter hohem Stress werden sämtliche Körperfunktionen temporär unterdrückt, die nicht direkt für eine Flucht-, Kampf- oder Totstellreaktion von Nöten sind. Hierunter fallen auch Gedächtnisleistungen. Die Folge ist ein möglicher Blackout. Sobald Ihr Gehirn jegliche Aufmerksamkeit auf die Erkennung möglicher Gefahrenreize lenkt, sind Sie kaum noch dazu in der Lage, auf Lerninhalte in Ihrem Gedächtnis zurückgreifen. Außerdem können viele Menschen unter sehr starkem Stress Prüfungsfragen kaum richtig aufnehmen und weiterverarbeiten. In dieser Verfassung geschieht es schnell, dass Sie selbst unbedeutende Gesten von Prüfern als Ablehnungssignale fehlinterpretieren. Infolgedessen schnellt der Stresspegel in die Höhe.

Auch sehr hoher Stress kann Ihrem Körper in der Regel nichts anhaben, solange er schnell wieder vorbeigeht. Dauerstress hingegen gefährdet Ihre Gesundheit und schwächt Ihr Immunsystem.

Beispiel:

 Haben Sie sich schon einmal gewundert, dass Sie ausgerechnet in den ersten Urlaubstagen nach einer stressigen Prüfung krank werden? Erst wenn der Stresspegel sinkt, kann Ihr Immunsystem die Krankheitserreger bekämpfen. Bis zu diesem Zeitpunkt konnten sich die Krankheitserreger unbemerkt vermehren.

Wie Sie Dauerstress entgegenwirken

Nervenzellen produzieren unter Dauerstress kaum noch Glückshormone. Die Folge: Sie fühlen sich erschöpft, niedergeschlagen, antriebslos und leicht reizbar. Durch regelmäßige Entspannungspausen und Entspannungstechniken können Sie Stress erheblich reduzieren.

Folgende Entspannungstechniken sind besonders wirksam:

- autogenes Training,
- Atementspannung,
- progressive Muskelentspannung und
- Yoga.

Daneben empfehlen Stressforscher regelmäßigen Ausdauersport. Im Blut von Menschen, die zwei bis dreimal in der Woche für eine halbe Stunde Joggen gehen, schwimmen oder Fahrrad fahren, findet sich deutlich weniger Cortisol als im Blut von Menschen, die sich wenig bewegen. Allerdings sollten Sie sich auch nicht körperlich verausgaben. Wenn Sie etwa durch Marathonläufe an Ihre körperliche Belastungsgrenze gehen, steigt Ihr Cortisolspiegel.

Stressforscher haben auch festgestellt, dass bei Menschen, die viele soziale Kontakte pflegen, im Durchschnitt weniger Cortisol im Blut zu finden ist. Aus diesem Grund sollten Sie soziale Kontakte auch in Prüfungsphasen im angemessenen Maße pflegen.

Wie Sie Prüfungsangst überwinden

Wenn Sie vor einer Prüfung unter Angstgefühlen leiden, sollten Sie angstauslösende Gedanken in positive Gedanken umformulieren und aufschreiben. Lesen Sie diese dann so häufig, bis Sie Ihnen in Fleisch und Blut übergegangen sind. Auf diese Weise können Sie Ihre angstauslösenden Gedanken „überschreiben". Neurowissenschaftler gehen davon aus, dass es wesentlich einfacher ist, eine Angst durch entgegengesetzte Überzeugungen und positive Erfahrungen zu überschreiben bzw. zu hemmen, als Sie ganz aus dem Gedächtnis zu löschen.

Schritt für Schritt zu positiven Gedanken
1 Schreiben Sie alle Gedanken auf, die Ihnen in Bezug auf eine bevorstehende Prüfung Sorgen bereiten.
2 Lesen Sie diese Sätze sorgfältig durch. Prüfen Sie bei jedem dieser Gedanken, ob es wirklich realistisch ist, dass Ihre Befürchtungen eintreten.
3 Formulieren Sie dann negative Gedanken in positive Gedanken um. Wenn Sie z. B. denken: „Ich habe

viel zu wenig Zeit zum Lernen!", schreiben Sie: „Ich sorge für ausreichend Lernzeit!". Denken Sie: „Die Prüfungsfragen werden viel zu schwer sein!", dann schreiben Sie: „Ich bereite mich gut auf die Prüfungsfragen vor!". Befürchten Sie: „Der Prüfer kann mich sowieso nicht leiden!", schreiben Sie: „Ich werde den Prüfer von meinen Fähigkeiten überzeugen!"

4 Schreiben Sie alle positiven Gedanken auf einen handlichen Zettel. Tragen Sie diesen immer bei sich und lesen Sie ihn so häufig wie möglich. Sie werden sehen, wie schnell die positiven Gedanken Ihre Befürchtungen „überschreiben" werden.

5 Stellen Sie sich Ihren Prüfungserfolg bildlich vor und sagen Sie dabei Ihre positiven Gedanken auf. Je häufiger Sie sich diese Szene ins Gedächtnis rufen, desto realistischer wird sie. Viele Spitzensportler stimmen sich vor einem Wettkampf mental auf einen Sieg ein. Hierzu stellen sie sich beispielsweise die Gefühle, die eintreten, wenn sie einen Wettkampf gewonnen haben, mit all Ihren Sinnen vor.

6 Rufen Sie sich alle erfolgreich gemeisterten Prüfungen ins Gedächtnis. Auf diese Weise steigern Sie Ihr Selbstvertrauen.

Sicherlich wird Ihnen bei der Durchsicht Ihrer Befürchtungen auffallen, wie viele davon unrealistisch sind.

Beispiele

Sie befürchten, nicht rechtzeitig mit dem Lernen fertig zu werden. Tatsächlich liegen Sie gut im Zeitplan und haben ausreichend Pufferzeit eingeplant.

Sie haben Angst, dass Sie Prüfungsfragen nicht beantworten können. Tatsächlich haben Sie sich sehr sorgfältig in alle Lernbereiche eingearbeitet.

Sie gehen davon aus, dass Sie der Prüfer/ die Prüferin aus persönlichen Gründen ablehnt. Daher befürchten Sie besonders schwere Prüfungsfragen bzw. eine besonders strenge Bewertung. Tatsächlich hat der Prüfer/ die Prüferin eine völlig neutrale Haltung gegenüber Ihnen.

Sie befürchten, dass Sie zu alt zum Lernen sind. Es stimmt, dass Nervenverbindungen im Alter langsamer wachsen. Im Gegenzug hierzu bietet Ihr umfangreicher Wissensschatz viele Anknüpfungspunkte, um neue Informationen schnell im Gedächtnis zu verankern.

Sorgen Sie für optimale Lernbedingungen

Um die bestmöglichen Lernerfolge zu erzielen, möchten Sie Ihre Konzentration und Aufnahmefähigkeit über einen längeren Zeitraum auf möglichst hohem Niveau halten. Deshalb ist es notwendig, dass Sie geistig und körperlich fit sind und dass Sie Ihre Umgebung so gestalten, dass sie das Lernen fördert, statt es zu hemmen.

Essen und Trinken

In Lernphasen verbraucht unser Gehirn viel Energie. Für die Energiegewinnung benötigen Nervenzellen vor allem Zucker und Sauerstoff. Während Sie Sauerstoff über die Atemluft aufnehmen, müssen Sie sich Zucker als Nahrung zuführen. Gerade in Lernphasen sollten Sie regelmäßige kleine Mahlzeiten über den Tag verteilt zu sich nehmen. Auf diese Weise wird Ihr Gehirn gleichmäßig gut mit Zucker versorgt.

Bei der Auswahl Ihrer Nahrungsmittel sollten Sie vor allem zu Nahrungsmitteln greifen, die sog. Mehrfachzucker enthalten. Diese finden Sie beispielsweise in Obst, Rohkost, Gemüse, Kartoffeln, Vollkornprodukten und Hülsenfrüchten. Der Vorteil von Mehrfachzucker besteht darin, dass er nicht gleich in Ihre Blutbahn gelangt, sondern erst im Darm in kleine Stücke zerlegt werden muss. Hierdurch fließt der Zucker langsamer ins Blut, als es bei Einfachzucker (wie Sie ihn z.B. in Honig und Schokolade finden) der Fall ist. Auf diese Weise werden Ihre Nervenzellen über längere Zeit hinweg gut mit Zucker versorgt, so dass Sie länger wach und aufnahmefähig bleiben.

Außerdem sollten Sie gerade in Lernphasen drauf achten, dass Sie viel trinken. Andernfalls verdickt sich Ihr Blut. Die Folge wäre eine schlechtere Hirndurchblutung. Für optimale Lernleistungen muss Ihr Gehirn aber gut durchblutet werden. Schließlich werden Ihre Nervenzellen über das Blut mit Sauerstoff, Zucker und weiteren wichtigen Nährstoffen versorgt. Deshalb sollten Sie an Ihrem Lernplatz immer genügend zu trinken (z. B. Mineralwasser, ungesüßten Kräuter- oder Früchtetee, Saftschorlen) bereit halten.

Ausreichend schlafen

Moderne bildgebende Verfahren zeigen, dass im Schlaf noch einmal genau dieselben Hirnregionen aktiviert werden, die schon zuvor beim Lernen aktiv waren. Jetzt werden Lerninhalte zusammengefasst, übersetzt und miteinander verbunden. Das Ergebnis eines erholsamen Schlafs kann der berühmte Aha-Effekt sein. Plötzlich liegt die Lösung für eine Lernaufgabe klar auf der Hand, an der Sie am Tag zuvor fast verzweifelt sind.

Wenn Sie in Lernphasen nicht ausreichend schlafen, müssen Sie Lerninhalte viel häufiger wiederholen, bis Sie in Ihrem Gedächtnis haften bleiben. Achten Sie daher in Lernphasen darauf, dass Sie pro Nacht mindestens sechs Stunden schlafen.

> Regelmäßige Pausen und ausreichend Schlaf fördern Ihre Lernleistung. In Entspannungsphasen und im Schlaf arbeitet Ihr Gehirn selbstständig weiter und überträgt das Gelernte vom Kurzzeit- ins Langzeitgedächtnis.

So gelingt es Ihnen auch nach einem stressigen Lerntag, gut einzuschlafen:

- Trennen Sie Lern- und Schlafbereich sichtbar von einander – am besten räumlich, wenn Sie aber nur ein kleines „Studentenzimmer" haben, z. B. durch einen Vorhang.

Denn liegen noch Lehrbücher auf Ihrem Nachttisch, kommen Sie nur schwer zur Ruhe.

- Lernen Sie nicht bis spät in die Nacht, sondern beenden Sie Ihren letzten Lernblock rechtzeitig, so dass Ihnen noch genügend Zeit bleibt, durch ein Telefonat mit Freunden oder ein gutes Buch zu entspannen.
- Setzen Sie Fernsehen am Abend nur sparsam als Entspannungsmethode ein. Ansonsten beschäftigt sich Ihr Gehirn im Schlaf mit Fernsehinhalten und nicht mit Ihrem Lernstoff.
- Verzichten Sie am Abend auf Koffein. Übermäßiger Koffeingenuss lässt Sie nur schwer einschlafen.
- Trinken Sie abends möglichst wenig Alkohol. Selbst wenn Sie nur selten Alkohol trinken, reagieren Ihre Nervenzellen im Schlaf, sobald der Alkohol abgebaut ist, mit einer Art Mini-Entzug. Die Folge: Sie schlafen weniger tief. Doch Tiefschlafphasen sind wichtig, um Wissen im Gedächtnis zu speichern.

So sieht der ideale Lernort aus

Um optimale Lernerfolge zu erzielen, sollten Sie möglichst gute Rahmenbedingungen schaffen.

Das Zimmer

Suchen Sie sich einen Ort, an dem Sie ruhig und ungestört lernen können. Zu Hause ist ein eigenes Arbeitszimmer ideal. Hier finden Sie meist alle erforderlichen Arbeitsmittel. Gleichzeitig gibt es in Arbeitszimmern meist weniger Ablenkungsquellen (z.B. Radio und Fernseher) als in anderen Räumen. Eine Ablenkungsquelle können Sie aber auch dort nicht ausschließen: den Computer mit Internetanschluss. Denn das Internet bietet unzählige Möglichkeiten, sich vom Lernen abzulenken. Schließen Sie mit sich selbst einen Vertrag ab, der vorsieht, dass Sie das Internet in Lernphasen lediglich zu Recherchezwecken nutzen.

Halten Sie die Tür Ihres Zimmers in Lernphasen geschlossen. Falls erforderlich können Sie auch ein Türschild mit der Aufforderung „Bitte nicht stören!" anbringen, um Familienmitglieder daran zu erinnern, dass Sie gerade konzentriert lernen wollen.

> Das Bett ist zwar bequem, aber zum Lernen denkbar ungeeignet. Wenn Sie regelmäßig in Ihrem Bett lernen, verbinden Sie diesen Ort nicht mehr automatisch mit Entspannung und Schlaf. Es wird es Ihnen dann schwer fallen, an diesem Ort abzuschalten und einzuschlafen.

Beleuchtung

Lernorte mit Fensterplätzen sind ideal, denn Sonnenlicht fördert Ihre Leistungsfähigkeit. Sonnenlicht regt zudem die Produktion von Melatonin an. Ein hoher Melatoninspiegel ist dafür verantwortlich, dass Sie gut ein- und durchschlafen können. Ein gesundes Maß an Schlaf ist wiederum ausschlaggebend für eine gute Gedächtnisleistung. Über die Bildung von Vitamin-D sorgt Sonnenlicht auch für die Aktivierung Ihres Immunsystems. Gerade in Lernphasen profitieren Sie von einem leistungsstarken Immunsystem. Schließlich kann Sie eine Erkrankung viel Lernzeit kosten.

Wenn Sie Ihren Lernort durch künstliche Lichtquellen beleuchten, sollten Sie auf Tageslichtlampen zurückgreifen. Diese Lampen strahlen ein Licht aus, dessen Farbspektrum dem der Sonne nachempfunden ist. Forscher haben festgestellt, dass sich dieses Farbspektrum besonders positiv auf die menschliche Stimmung und damit auf die Leistungsfähigkeit auswirkt.

Sitzen

Die meisten Menschen setzen sich zum Lernen. In dieser Position können Sie sich voll und ganz auf den Lernstoff konzentrieren, weil Ihr Gehirn nicht durch andere Bewegungen abgelenkt wird. Allerdings schädigen Sie die Wirbelsäule, wenn Sie beim Sitzen dauerhaft einen „Rundrücken" machen. Besorgen Sie sich einen Schreibtischstuhl, auf dem Sie bequem und aufrecht sitzen können. Idealerweise sollte der Stuhl auch in der Höhe verstellbar sein.

Wenn Sie lange sitzen sollten Sie regelmäßig aufstehen, sich strecken und ein paar Schritte umhergehen. Die Bewegung beugt Haltungsschäden vor und steigert gleichzeitig die Sauerstoffversorgung Ihres Gehirns.

Der Arbeitsplatz

Damit Sie nicht lange nach wichtigen Arbeitsmitteln (z.B. Stiften, Textmarkern, Papier, Nachschlagewerken und Lehrbüchern) suchen müssen, sollten Sie für diese Arbeitsmittel an

Ihrem Arbeitsplatz feste Aufbewahrungsorte vorsehen. Sobald Sie die Lernmaterialien benutzt haben, sollten Sie diese sofort wieder an ihren Platz zurücklegen. Auf diese Weise stellen Sie sicher, dass Ihr Arbeitsplatz stets aufgeräumt ist. Demotivieren Sie sich nicht, indem Sie an Ihrem Arbeitsplatz Lernmaterialien aufstapeln.

Beispiel:

Sicherlich kennen Sie das negative Gefühl, dass entsteht, wenn Sie auf einen Blätterhaufen blicken. Sofort wird Ihnen klar, wie viel Arbeit Sie noch vor sich haben.

Um Ihren Arbeitsplatz übersichtlich zu halten, sollten Sie zudem alle Gegenstände, die Sie nicht zwingend zum Lernen brauchen, entfernen. Neben Ihrem Ablagesystem sollte auch jedoch Platz für Terminkalender, Merkzettel, Arbeits- und Zeitpläne bieten. Diese Hilfsmittel können Sie einsetzen, um Ihre Lernaufgaben zu planen und wichtige Termine im Auge zu behalten. Außerdem sollten Sie eine Wasserflasche oder eine Thermoskanne mit ungesüßtem Früchtetee in Griffweite positionieren, damit Sie während des Lernens daran denken, genügend zu trinken.

Auf einen Blick: Die richtige Lernstrategie

- Wer erfolgreich lernen möchte, braucht ein attraktives Ziel. Ein Ziel ist dann attraktiv für uns, wenn es aus unseren Bedürfnissen abgeleitet ist.

- Erfolgreiches Lernen verschafft Glücksgefühle – und motiviert dadurch zum weiteren Lernen. Daneben kann es in anstrengenden Lernphasen helfen, sich selbst zu belohnen.

- Ein Lernplan, in dem Sie Ihr Lernpensum für die zur Verfügung stehenden Wochen und Tage festlegen, gibt Ihnen Halt und ermöglicht Ihnen die Selbstkontrolle.

- Lernen geht nie einfach so zwischendurch: Verschaffen Sie sich genügend zeitlichen Freiraum und beugen Sie Störungen vor.

- Ein mittlerer Stresspegel ist hilfreich beim Lernen – dem schädlichen Dauerstress hingegen können Sie mit Entspannungstechniken und regelmäßigen Ausdauersport entgegenwirken.

- Unterschätzen Sie nicht die Bedeutung, die gesundes Essen sowie ausreichendes Trinken und Schlafen für Ihre Lernleistung hat.

- Ungestört, hell und aufgeräumt – so sieht der ideale Lernort aus.

Neues Wissen erschließen und strukturieren

Ein Stapel Bücher oder anderer schriftlicher Unterlagen liegt vor Ihnen – und der Inhalt muss irgendwie in Ihren Kopf gelangen und dort auch bleiben?

In diesem Kapitel erfahren Sie,

- worauf es bei der Auswahl von Lerntexten ankommt,
- wie Sie Texte schneller als bisher lesen können,
- wie Sie Texte mit der Markiertechnik strukturieren und Schlüsselinformationen hervorheben,
- wie Sie Wissen visualisieren und dadurch besser durchdringen und länger behalten.

Textauswahl: Material rasch sichten

Sie haben bereits erfahren, dass es sich lohnt, wenn Sie sich über Ihre persönlichen Bedürfnisse klar werden. Denn dann können Sie entscheiden, welches Wissen und welche Fertigkeiten Ihnen dabei helfen, Ihre persönlichen Bedürfnisse zu befriedigen. Im nächsten Schritt geht es darum festzustellen, wie Sie sich dieses Wissen beziehungsweise diese Fertigkeiten am schnellsten aneignen.

Gerade zum schnellen Wissenserwerb eignen sich neben DVDs, Lernprogrammen und Hörbüchern schriftliche Informationsquellen (z.B. Bücher, Zeitschriftenartikel, Mitschriften, Aufsätze). Auch beim Erwerb von Fertigkeiten können schriftliche Informationen durchaus weiterhelfen (z.B. Kochbücher, Bedienungsanleitungen).

Allerdings sollten Sie sich nicht einfach wahllos mit Texten zu einem bestimmten Thema eindecken. Denn Sie verlieren viel Zeit, die Sie zum Einprägen von neuem Wissen bzw. zum Üben neuer Fertigkeiten einsetzen könnten, wenn Sie sich nicht von vornherein auf wirklich hilfreiche Texte beschränken.

Wie erkennen Sie, ob ein Text wirklich hilfreich ist?

Prüfen Sie zunächst, ob ein Text alle wichtigen Informationen enthält, ob diese Informationen auf einem aktuellen Stand sind und ob sie sauber recherchiert sind. Die folgenden Fragen helfen Ihnen bei Ihrer Textauswahl:

Textauswahl: Material rasch sichten

- Ist der Text aktuell? Diese Frage ist besonders wichtig, wenn Sie sich mit einem Thema befassen, bei dem sich in den letzten Jahren viel getan hat.
- Werden alle wichtigen Informationen angekündigt (z. B. im Inhalts-, Stichwortverzeichnis, in Kurzzusammenfassungen oder Überschriften)?
- Ist der Autor/ die Autorin als Experte/-in für ein bestimmtes Lernthema bekannt?
- Enthält der Lerntext Quellenangaben und Literaturempfehlungen (falls Sie bestimmte Inhalte vertiefen wollen)?
- Darüber hinaus sollten Texte möglichst wenige Informationen enthalten, die für Ihr Lernziel irrelevant sind. Sie würden Sie nur von Ihrem eigentlichen Lernthema ablenken.

Wie Sie bereits erfahren haben, lohnt es sich, wenn Sie sich bei einem neuen Lernthema zunächst mit den Grundlagen vertraut machen. Hierdurch erzeugen Sie ein grobes Wissensnetz, an das Sie alle weiteren Informationen anknüpfen können. Daher sollte ein Text so aufgebaut sein, dass Sie alle grundlegenden Informationen schnell finden können.

Stellen Sie daher für die Auswahl geeigneter Lerntexte folgende Fragen:

- Ist der Text übersichtlich aufgebaut?
- Bietet er hilfreiche Zusammenfassungen?
- Werden Lerninformationen auf den Punkt gebracht?

Je anschaulicher ein Text geschrieben ist, desto besser können Sie sich Lerninhalte bildlich vorstellen und desto besser bleiben Sie in Ihrem Gedächtnis haften.

Hierzu sollten Sie sich bei Ihrer Textauswahl folgende Fragen stellen:

- Werden selbst komplexe Lerninhalte in leicht verständlichen Worten dargestellt?
- Enthält der Lerntext anschauliche Grafiken?
- Finden sich praktische Beispiele?

Darüber hinaus bleiben Lerninhalte besser im Gedächtnis, wenn Sie diese praktisch anwenden können. Aus diesem Grund sollten Sie vor allem zu Lerntexten greifen, bei denen Sie die folgende Frage mit einem klaren „Ja" beantworten können:

- Bietet der Lerntext Übungsaufgaben mit Musterantworten?
- Enthält ein Text leicht verständliche Anleitungen, anhand derer ich Lerninhalte praktisch umsetzen kann?

Natürlich gibt es Situationen, in denen Sie bestimmte Lehrbücher bearbeiten müssen. Doch auch bei der Lektüre vorgegebener Texte können Sie viel Zeit sparen, wenn Sie die folgenden Schnelllesetechniken erlernen.

Schnelllesetechniken: Texte zügig erfassen

Sie sparen viel Zeit, wenn Sie beim Lesen irrelevante Textpassagen auslassen. Doch wie erkennen Sie möglichst rasch, welche Textpassagen wichtige Lerninformationen enthalten und welche Sie auslassen können?

Wichtige Textstellen ansehen

Um schnell festzustellen, an welchen Textstellen wichtige Informationen zu erwarten sind, sollten Sie folgende Schlüsselinformationen nutzen:

- Inhaltsverzeichnis
- Stichwortverzeichnis Überschriften
- Hervorhebungen
- Aufzählungen
- Zusammenfassungen
- Grafiken

Während Sie sich einen groben Überblick über die inhaltliche Gliederung eines Textes verschaffen, sollten Sie sich aufschreiben, auf welchen Seiten Textstellen zu finden sind, die Sie sich genauer ansehen wollen. Hierzu können Sie auch notieren, auf welcher Höhe einer Seite eine entsprechende Textpassage (z. B. oben, mittig, unten) steht.

Textpassagen querlesen

Wenn Sie sichergehen wollen, dass Ihnen keine wichtigen Textpassagen entgehen, sollten Sie Querlese-Techniken verwenden. Mit diesen Techniken können Sie schnell feststellen, wo sich im Text wichtige Informationen befinden. Beim Querlesen scannen Sie einen Text nach Schlüsselworten ab. Hierzu schlägt der Lerntrainer Dr. Rolf Meier (Meier 2009) die folgenden zwei Techniken vor.

- **Inseltechnik:** Bei der Inseltechnik beschränken Sie sich darauf, Textstellen anzulesen, die wichtige Informationen erwarten lassen. Häufig werden relevante Informationen an den Anfang eines Textes gestellt und am Ende eines Textes zusammengefasst. Aber auch in Kapiteln, Unterkapiteln und einzelne Absätzen finden sich wichtige Informationen meist zu Beginn und am Ende. Dazwischen liegen in der Regel Erläuterungen und Beispiele. Diese sollten Sie nur lesen, wenn Sie wichtige Informationen nicht auf Anhieb verstehen.

- **Slalomlesen:** Beim Slalomlesen überfliegen Sie Textseiten in Schleifenform. Hierbei überspringen Sie einzelne Textzeilen. Welche Textzeile Sie überspringen, entscheidet sich nach dem Zufallsprinzip.

Damit Sie wichtige Informationen schnell wiederfinden, lohnt es sich, beim Querlesen bereits entsprechende Textstellen bzw. Schlüsselwörter zu markieren. Worauf Sie beim Markieren achten sollten, erfahren Sie im Abschnitt „Markiertechniken".

Spead Reading

Wenn Sie einen Text schnell erfassen, aber keine Textpassagen überspringen wollen, sollten Sie sich „Speed Reading" beibringen.

Die von Tony Buzan (Buzan 2008) entwickelte Schnelllesetechnik beruht auf der Annahme, dass unsere Augen beim Lesen von Wort zu Wort springen. Ungeübte Leser machen nach einem solchen Sprung eine kurze Pause, um ein Wort zu verarbeiten. Zudem lesen sie Wörter häufig ein zweites Mal, um sicher zu gehen, dass Sie sich nicht verlesen haben.

Schnellleser springen mit Ihren Augen von Wortgruppe zu Wortgruppe. Durch regelmäßiges Training versuchen sie, auf einen Blick möglichst viele Worte aufzunehmen. Um Pausen zwischen Augensprüngen zu minimieren, verlassen sich Schnellleser darauf, dass Ihr Gehirn gelesene Wörter parallel verarbeitet, während sie bereits mit der nächsten Blickbewegung neue Worte aufnehmen. Auf diese Weise können Sie Ihre Lesegeschwindigkeit erheblich steigern.

Herkömmliche Leser können im Schnitt 200 bis 300 Wörter pro Minute erfassen. Bei geübten Schnelllesern liegt diese Zahl bei 1.000 bis 4.000 Wörtern pro Minute. Zu Ihnen zählen bekannte US-Präsidenten wie John F. Kennedy und Franklin D. Roosevelt.

Der Lerntrainer Christian Grüning (Grüning 2012) empfiehlt die 3-2-1 Methode, wenn auch Sie zur Gruppe der Schnellleser gehören wollen.

Diese Übung funktioniert folgendermaßen:

1. Setzen Sie einen Zeigefinger als Lesehilfe ein. Fahren Sie mit ihm jeweils die Textzeile entlang, die Sie gerade lesen wollen. Indem Ihre Augen beim Lesen der Bewegung Ihres Zeigefingers folgen, werden Sie davon abgehalten, zurückzuspringen und ein Wort ein zweites Mal zu lesen.

2. Nehmen Sie nun eine Stoppuhr und einen beliebigen Text zur Hand. Stellen Sie den Countdown Ihre Stoppuhr so ein, dass sie nach drei Minuten klingelt.

3. Suchen Sie sich nun eine Stelle, an der Sie mit dem Lesen beginnen wollen, und markieren Sie diese Stelle.

4. Starten Sie als nächstes den Countdown und beginnen Sie, den Text von Ihrem Startpunkt an zu lesen. Sobald die Stoppuhr klingelt, stoppen Sie und markieren die Textstellen, die Sie innerhalb von drei Minuten erreicht haben.

5. Stellen Sie den Countdown nun auf zwei Minuten. Versuchen Sie dieselbe Textpassage im nächsten Anlauf innerhalb von zwei Minuten zu lesen. Hierzu müssen Sie Ihren Zeigefinger deutlich schneller bewegen. Hören Sie auf zu lesen, sobald Ihre Stoppuhr klingelt. Wiederholen Sie diese Übung so lange, bis es Ihnen gelingt, die entsprechende Textzeile innerhalb von zwei Minuten zu lesen.

6. Stellen Sie nun den Countdown auf eine Minute ein und versuchen Sie, dieselbe Textpassage in dieser Zeit zu lesen.

Hierzu müssen Sie Ihren Zeigefinger dreimal so schnell bewegen. Wiederholen Sie diese Übung so lange, bis es Ihnen gelingt, die Textpassage binnen einer Minute zu lesen.

Je häufiger Sie nach dieser Methode trainieren, desto eher gewöhnt sich Ihr Gehirn daran, mit jeder Blickbewegung mehrere Wörter auf einmal aufzunehmen. Gleichzeitig werden Sie daran gehindert, Wörter ein zweites Mal zu lesen. Aus diesen Gründen können Sie Ihre Lesegeschwindigkeit durch regelmäßiges Training erheblich steigern.

Zwar braucht das Erlernen dieser Technik etwas Zeit, dafür sparen Sie zukünftig viel Lesezeit ein.

> Durch Spead Reading nehmen Sie in kurzer Zeit sehr viele Informationen auf. Allerdings besteht das Risiko, dass dies nur oberflächlich geschieht und Sie sie daher schlechter behalten. Wenn Sie beim Lesen auf wichtige Informationen stoßen, legen Sie deshalb eine kurze Pause ein, um Ihrem Gehirn zu ermöglichen, das Gelesene zu verarbeiten. Schließen Sie die Augen und stellen Sie es sich bildlich vor – so verankern Sie es fest in Ihrem Gedächtnis.

SQ3R-Methode: Texte durchdringen

Wenn es Ihnen sehr wichtig ist, möglichst viele Textinhalte sicher zu behalten, sollten Sie auf die S3QR-Methode zurückgreifen. Diese Methode geht auf den amerikanischen Pädagogen Francis Robinson (Robinson 1948) zurück.

Zwar dauert die Anwendung dieser Methode deutlich länger als die oben beschriebenen Lesetechniken, dafür werden Textinhalte deutlich besser im Gedächtnis verankert. Die SQ3R-Methode hilft Ihnen dabei, die Struktur von Texten und damit die logische Verknüpfung von Lerninhalten zu erfassen. Hierbei erwerben Sie ein enges „Wissensnetz", an das Sie alle neuen Lerninhalte anknüpfen können. Gleichzeitig regt Sie diese Methode an, Lerninhalte durch persönliche Fragestellungen mit Ihrem Vorwissen zu verknüpfen. Auf diese Weise verankern Sie Lerninhalte fest in Ihrem Gedächtnis.

Der Name dieser Technik steht für folgende fünf Arbeitsschritte:

- Survey – Überblick verschaffen
- Question – Fragen formulieren
- Read – lesen und markieren
- Recite – Kernaussagen aufsagen
- Review – Rückschau halten

Survey – Überblick verschaffen

Als erstes verschaffen Sie sich einen Überblick über Inhalt und Struktur eines Textes. Dieser Schritt hilft Ihnen in der späteren Lesephase, Lerninhalte thematisch einzuordnen, miteinander zu verknüpfen und auf diese Weise besser zu behalten.

Im Falle eines Lehrbuchs sollten Sie hierzu wie folgt vorgehen:

- Lesen Sie den Klappentext.
- Sehen Sie sich das Inhaltsverzeichnis an.

- Überfliegen Sie das Stichwortverzeichnis.
- Blättern Sie das Lehrbuch von vorne nach hinten durch.
- Lesen Sie Überschriften einzelner Kapitel und Unterkapitel.
- Sehen Sie sich Abbildungen an.
- Lesen Sie hervorgehobene (z. B. fett bzw. kursiv gedruckte) Textpassagen.
- Halten Sie Ausschau nach Zusammenfassungen.

Erneut empfiehlt es sich hierbei, wichtige Textpassagen mit einem Textmarker (siehe hierzu den Abschnitt „Markiertechniken") anzustreichen, um diese schnell wiederzufinden. Schließlich sollten Sie diese Textpassagen als erstes lesen. Mit etwas Glück enthalten sie bereits alle wichtigen Informationen, so dass Sie den Text nicht vollständig lesen müssen.

Question – Fragen formulieren

Bevor Sie nun die einzelnen Textpassagen lesen, sollten Sie die folgenden drei Fragen beantworten. Am besten halten Sie Ihre Antworten schriftlich fest, damit Sie diese bei Bedarf nachlesen können.

- Auf welches Vorwissen kann ich zurückgreifen? Durch diese Frage aktivieren Sie Ihr Vorwissen. Daran können Sie neue Lerninhalte anknüpfen, so dass sie fest in Ihrem Gedächtnis verankert werden.
- Welche offenen Fragen habe ich in Bezug auf Lerninhalte? Diese Frage können Sie sich in Bezug auf den gesamten Text oder in Bezug auf einzelne Textpassagen stellen.

Dadurch wecken Sie Ihre Neugierde. Jetzt werden Sie einen Text besonders gründlich lesen und hierbei Textinhalte sorgfältig verarbeiten und im Gedächtnis behalten.

- Gibt es Informationen, die mich ganz besonders interessieren? Diese Frage zielt auf den Nutzen von Lerninformationen ab. Wie Sie bereits wissen, merkt Sie unser Gehirn Informationen besonders gut, wenn sie ihm nützlich erscheinen.

Read – lesen und markieren

Lesen Sie einen Lerntext nun Abschnitt für Abschnitt gründlich durch und markieren Sie wichtige Textstellen (siehe Abschnitt „Markiertechniken").

Recite – Kernaussagen aufsagen

Nachdem Sie einen Textabschnitt gelesen haben, schließen Sie die Augen und sagen Sie die Kernaussage dieses Abschnittes mit eigenen Worten innerlich auf. Hierbei werden Sie vertraute Formulierungen verwenden, die bereits über viele Nervenverbindungen in Ihrem Gedächtnis verankert sind. Indem Sie neue Lerninhalte mit diesen Formulierungen verbinden, werden auch diese sicher gespeichert. Wenn Sie sich Inhalte zusätzlich bildlich vorstellen, bleiben sie besonders gut im Gedächtnis (siehe die Mnemotechniken im Kapitel „Neues Wissen einprägen").

Review – Rückschau halten

Fassen Sie nun die zentralen Lerninformationen eines Textabschnittes zusammen. Hierzu können Sie eine kurze Zusammenfassung schreiben oder eine Grafik (z. B. eine Mind Map®) anfertigen. Je besser es Ihnen gelingt, Verknüpfungen zwischen Lerninhalten abzubilden, desto dichter wird Ihr „Wissensnetz".

Wenn Sie sich noch ausführlicher über diese Methode informieren wollen, empfehlen wir Ihnen ein Text der Psychologieprofessorin Dr. Ursula Christmann (Christmann 2001).

Markiertechniken: Texte optisch strukturieren

Mit Markiertechniken können Sie Lerntexte strukturieren und Schlüsselinformationen hervorheben. Ihre Markierungen helfen Ihnen später, sich schnell in Lerntexten zurechtzufinden. Zudem können Sie Markierungen einsetzen, um Zusammenhänge zwischen Lerninhalten zu verdeutlichen. Je besser Sie Lerninhalte miteinander verbinden, desto besser bleiben sie in Ihrem Gedächtnis haften.

Wenn Sie einen Text lesen, sollten Sie stets Textmarker zur Hand haben. Falls in einem Text verschiedene Lernthemen behandelt werden, können Sie auch verschiedenfarbige Textmarker einsetzen, um diese Themen auseinanderzuhalten. Allerdings sollten Sie sich auf maximal zwei bis drei Farben beschränken, andernfalls wird Ihr Text zu unübersichtlich. Gleichzeitig sollten Sie nur Textpassagen markieren, die Ihnen wirklich wichtig erscheinen. Oft genügt es, einzelne Schlüsselwörter anzustreichen. Daneben lohnt es sich häufig, wichtige Überschriften und Zwischenüberschriften zu markieren. Sie helfen Ihnen, sich schnell in der Struktur eines Textes zu Recht zu finden.

Symbole einsetzen

Auch Symbole eignen sich, um Lerntexte zu strukturieren. Hier finden Sie einige Vorschläge:

- Fragezeichen: Signalisiert, dass Sie zu einer Textstelle offene Fragen haben.
- Unterkringelung: Markiert eine komplizierte Textstelle, die Sie erneut lesen wollen.
- Ausrufezeichen: Hebt wichtige Textstellen hervor.
- Pfeil mit Seitenzahl: Weist auf eine Seiten- oder Zeilenzahl hin, an der ein Lerninhalt erneut auftaucht.

> Achten Sie darauf, dass Ihre Markierungen übersichtlich bleiben. Nicht nur bei der Auswahl von Lerntexten, sondern auch beim Einsatz von Markierungen gilt meistens: Weniger ist mehr. Ihre Markierungen sollen Ihnen dabei helfen, auf einen Blick wirklich wichtige Informationen wiederzufinden. Das tun sie nur, wenn sie sparsam eingesetzt werden.

Mitschrift: Wissen festhalten

Sie besuchen einen Vortrag oder ein Seminar und wollen wichtige Inhalte so fest halten, dass Sie diese später optimal zum Lernen nutzen können? Dann sollten Sie eine gute Mitschrift anfertigen. Achten Sie dabei auf Folgendes:

- Bereiten Sie sich auf das Thema vor: Welches Vorwissen haben Sie? Welche offenen Fragen bringen Sie mit?
- Entscheiden Sie sich, ob Sie eine Mitschrift mit Stift und Papier oder direkt am Laptop anfertigen wollen.

  Vorteile des Laptops: Speichern und beliebige Änderungen der Mitschrift möglich (z.B. mit Grafiken, Tabellen oder Links zu hilfreichen Internetseiten versehen); bequemer Austausch mit Mitschülern, Kommilitonen oder Kollegen. Nachteile: Akku muss aufgeladen sein/ ausreichen oder Steckdose nötig; Geräusche (z.B. beim Starten des Betriebsprogramms, beim Tippen oder durch die Lüftung) können Ihre Mitmenschen stören.

  Vorteile des Papiers: geräuschfrei; Sie können selbst jederzeit kleine Skizzen zeichnen und dadurch die Behaltensleistung erhöhen.

- Wenn Sie sich für die Papiervariante entscheiden, sollten Sie die Notizblätter mit dem Datum der Veranstaltung versehen.
- Sie können für unterschiedliche Themen eines Vortrags unterschiedlich farbiges Papier verwenden. So behalten Sie stets den Überblick.

- Schreiben Sie gesprochene Worte nicht eins zu eins mit, sondern filtern Sie Kernaussagen aus längeren Wortbeiträgen heraus. Je besser es Ihnen gelingt, Informationen zu vereinfachen, desto leichter kann sie Ihr Gehirn verarbeiten und abspeichern.
- Halten Sie die Kernaussagen in Stichworten fest. Verwenden Sie hierzu vertraute Begriffe. Später können Sie anhand dieser Stichworte bei Bedarf schnell eine anschauliche Mind Map® erstellen.
- Wenn Sie für eine Prüfung lernen, sollten Sie alle Hinweise zur Prüfung (z.B. Literaturempfehlungen) festhalten. Notieren Sie hierbei auch Vorlieben Ihrer Dozenten/-innen.
- Markieren Sie Schlüsselinformationen möglichst schon, während sie diese Informationen mitschreiben.
- Nutzen Sie Symbole (z.B. Pfeile), um Zusammenhänge zwischen Schlüsselinformationen darzustellen.

> Lesen Sie Ihre Mitschrift kurz nach einer Veranstaltung durch, um festzustellen, ob Sie sie auf Anhieb verstehen. Wenn nicht, versehen Sie Ihre Stichworte mit kurzen Erläuterungen.

Die Informationen sind jetzt noch in Ihrem Kurzzeitgedächtnis. Von hier sollen sie in Ihr Langzeitgedächtnis wandern. Hierzu erstellen Sie – zeitnah zur Veranstaltung – anhand Ihrer Stichworte einprägsame Kurzzusammenfassungen und anschauliche Grafiken (z.B. eine Mind Map®).

Mind Map: Vorwissen aktivieren

Mind Mapping® ist eine der effektivsten Methoden, um neues Wissen zu strukturieren, Handlungen zu planen und kreative Problemlösungen zu entwickeln. Die Methode ist von Tony Buzan entwickelt worden und lässt sich mit „Gedächtniskarten anlegen" übersetzen.

Die Technik basiert auf der Annahme, dass sich unser Gehirn neue Informationen nicht in Form von komplizierten Sätzen, sondern in Form von Stichworten und Bildern merkt. Die moderne Hirnforschung zeigt, dass die Behaltensleistung stark ansteigt, wenn wir uns intensiv mit Lerninhalten auseinandersetzen.

Aus diesem Grund lohnt es sich bereits, dass Sie für die Erstellung einer Mind Map® komplexe Informationen in einzelne Schlüsselbegriffe übersetzen. Bei der Erstellung einer Mind Map® strukturieren Sie Lerninformationen und zeichnen Zusammenhänge zwischen diesen auf. Hierbei knüpfen Sie ein grobes Wissensnetz, an das Sie alle weiteren Informationen gut anknüpfen und damit sicher im Gedächtnis behalten können. Hierzu führt Sie eine Mind Map® von allgemeinen zu speziellen Informationen.

Gleichzeitig fördert sie Ihre Kreativität, weil Sie alle Gedanken, die Ihnen bei der Bearbeitung eines Lernthemas einfallen, in Schlüsselbegriffe verpacken und diese mit dem Lernthema bildlich über Linien verknüpfen. Hierbei entstehen bereits die nächsten Einfälle.

So gehen Sie vor

- Stellen Sie sich eine Mind Map® wie einen Baum vor. Schreiben Sie den Oberbegriff für ein Lernthema in die Mitte eines leeren Blatt Papiers. Wenn Sie möchten, können Sie einen Kreis um den Begriff ziehen. Jetzt haben Sie den „Baumstamm" gezeichnet.

- Schreiben Sie Begriffe, die Sie mit diesem Oberbegriff verbinden, um diesen Kreis herum. Im nächsten Schritt zeichnen Sie dicke Verbindungslinien zwischen diesen Begriffen und dem zentralen Kreis. Diese Linien können Sie mit Ästen vergleichen, die von dem „Baumstamm" ausgehen.

- Wenn Sie einem Unterbegriff weitere Begriffe zuordnen wollen, schreiben Sie diese um den jeweiligen Begriff herum. Im nächsten Schritt verbinden Sie auch diese Begriffe durch dünnere Linien mit dem übergeordneten Begriff. Diese Linien können sie mit Verästelungen vergleichen.

Nutzen Sie bei einfache und vertraute Begriffe. Je übersichtlicher Ihre Skizze ist, desto besser können Sie sich Verknüpfungen zwischen Lerninformationen einprägen. Inzwischen gibt es auch zahlreiche Computerprogramme, mit denen Sie Mind Maps® kinderleicht erstellen können. Diese Programme bieten in der Regel die Möglichkeit, die Ergebnisse in Präsentationen einzubinden und mit anderen Dateiinhalten (z.B. Videos oder Tabellen) zu verknüpfen. Die folgenden Anwendungsbeispiele zeigen den vielfältigen Nutzen von Mind Maps®.

Mind Map: Vorwissen aktivieren

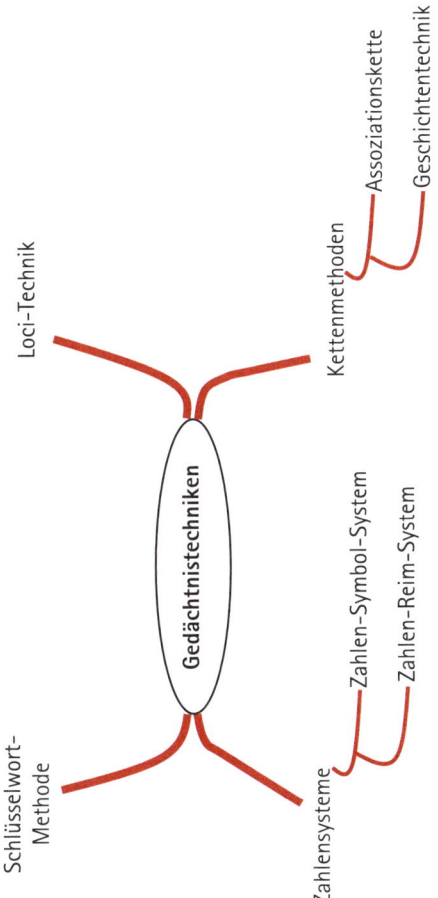

Beispiel: Auszug aus einer Mind Map® über Gedächtnistechniken

Beispiel:

Wissen strukturieren: Nachdem Sie einen Lerntext durchgelesen und wichtige Informationen markiert bzw. herausgeschrieben haben, erstellen Sie eine Mind Map®, um diese zu strukturieren. Dabei verknüpfen Sie das Hauptthema eines Textes mit entsprechenden Unterthemen.

Handlungen planen: Nutzen Sie eine Mind Map®, um Ihre Wochenaufgaben beim Lernen zu planen. Schreiben Sie die Zahl der jeweiligen Kalenderwoche in die Mitte. Um Sie herum gruppieren Sie alle Lernaufgaben und sonstigen Tätigkeiten, die Sie innerhalb dieser Woche unbedingt erledigen wollen. Jetzt können Sie diese Lernaufgaben in Teilaufgaben untergliedern und diese in Form von Schlüsselbegriffen in Ihre Mind Map® schreiben. Immer wenn Sie dann später eine solche Teilaufgabe erledigt haben, haken Sie diese ab. Auf diese Weise stärken Sie Ihre Lernmotivation. Gleichzeitig können Sie prüfen, wie viel Sie noch zu erledigen haben.

Kreative Problemlösungen: Sie suchen sich ein Thema, zu dem Sie neue Ideen entwickeln wollen. Jetzt schreiben Sie alle Gedanken, die Ihnen zu diesem Thema einfallen, auf ein Blatt Papier. Anschließend überlegen Sie, welche Einfälle Sie thematisch miteinander verknüpfen können und erstellen eine Mind Map®. Hierbei nutzen Sie Schlüsselbegriffe und keine ausformulierten Sätze. Dadurch legen Sie sich nicht fest, in welche Richtung Sie weiterdenken wollen, so dass schon bald die nächsten Einfälle entstehen.

Wenn Sie diese Technik vertiefen wollen, empfehlen wir Ihnen den TaschenGuide „Mind Mapping".

Lernposter: Wissen sichtbar machen

Bei einem Lernposter kombinieren Sie auf einem großen Blatt Papier (möglichst DIN A1) Texte nach Belieben mit Fotos, Skizzen, Tabellen, Diagrammen und Symbolen.

Das fertige Lernposter platzieren Sie bei sich zu Hause an einer gut sichtbaren Stelle, an der Sie sich häufig aufhalten. Wann immer Sie an dieser Stelle vorbei kommen, sehen Sie sich Ihr Lernposter für ein paar Minuten an. Anschließend schließen Sie die Augen und stellen sich die Darstellungen auf dem Lernposter innerlich vor. Durch diese regelmäßige Wiederholung prägen Sie sich die Lerninhalte genau ein. Wann immer Sie sich so sehr an die Position eines Lernposters gewöhnt haben, dass Sie einfach an ihm vorbei laufen, hängen Sie es an einen anderen Ort, an dem es Ihnen gleich ins Auge springt – und sei es, neben den Badezimmerspiegel.

Lernposter haben drei wesentliche Vorteile:

- Informationen, mit denen wir uns regelmäßig auseinandersetzen, gelangen eher in unser Langzeitgedächtnis. Je besser wir diese strukturieren, desto mehr Verknüpfungen entstehen zwischen Nervenzellen, die diese Informationen verarbeiten. Hierbei werden sie fest in unserem Gedächtnis verankert. Ähnlich wie bei Mind Maps® regt Sie deshalb bereits die Erstellung eines Lernposters dazu an, sich intensiv mit Lerninhalten zu befassen.

- Sie erhöhen die Wahrscheinlichkeit, dass Sie sich die Inhalte auf dem Lernposter regelmäßig ansehen und sich auf diese Weise die Lerninhalte gut einprägen.

- Je bildlicher Sie die Inhalte darstellen, desto besser bleiben Sie im Gedächtnis haften. Mit Farben und Bildern sprechen Sie gezielt Gefühle an. Auf diese Weise speichern Sie die Inhalte besser in Ihrem Gedächtnis ab und fördern das Verstehen.
- Es gibt kaum Lerninhalte, die Sie nicht auf einem Lernposter darstellen könnten.

Beispiel:

Eine Krankenschwester möchte sich im Rahmen ihrer Ausbildung Namen, Lage und Funktion aller wichtigen Organe des menschlichen Körpers einprägen. Das gelingt ihr besonders gut, wenn sie ein Lernposter anfertigt. Sie zeichnet den Umriss des menschlichen Körpers (Vorderansicht). Als nächstes zeichnet sie die wichtigsten Organe ein, die sie mit ihrem jeweiligen Namen beschriftet. Daneben schreibt sie eine kurze Stichwortliste ihrer wichtigsten Funktionen.

So gehen Sie vor

Damit Sie das Poster nur einmal anfertigen müssen, planen Sie zunächst, welche Inhalte Sie in welcher Form darstellen wollen. Hierzu sollten Sie eine Skizze entwerfen:

- Listen Sie alle Lerninhalte auf, die Sie auf einem Lernposter abbilden wollen.
- Entscheiden Sie sich, in welcher Form Sie die Lerninhalte darstellen wollen (z. B. Texte, Fotos, Skizzen, Tabellen, Diagramme, Symbole).

- Überlegen Sie, ob Sie Zusammenhänge zwischen Lerninhalten durch räumliche Nähe, Verbindungslinien oder Pfeile abbilden wollen.
- Fertigen Sie eine Skizze Ihres Lernposters an.
- Nachdem Sie diese Planungsphase abgeschlossen haben, fertigen Sie Ihr eigentliches Lernposter an. Hierzu sollten Sie ein großes Blatt Papier (möglichst DIN A1) verwenden.
- Achten Sie bei der Erstellung von Texten und Grafiken darauf, dass sie gut aus der Entfernung zu erkennen sind.
- Wenn Sie die Grafiken nicht selbst erstellen wollen, können Sie auch in Zeitschriften nach geeigneten Bildern Ausschau halten. Diese können Sie ausschneiden und wie bei einer Collage auf Ihr Lernposter kleben. Auch im Internet finden Sie viele Abbildungen, die Sie für Ihr Lernposter nutzen können.

Auf einen Blick: Wissen erschließen und strukturieren

- Reduzieren Sie Ihren Lernstoff auf wirklich wichtige Texte.
- Lesen Sie Texte quer, um einen ersten Überblick über Struktur und Inhalt zu erlangen.
- Nutzen Sie die Speed Reading-Technik, um wertvolle Lesezeit einzusparen.
- Wenden Sie die SQ3R-Methode an, wenn Sie möglichst viele Textinhalte behalten wollen.
- Setzen Sie Markiertechniken ein, um wichtige Lerninformationen hervorzuheben.
- Visualisieren Sie Lerninhalte mit Hilfe von Mind Maps® und Lernpostern.

Neues Wissen einprägen

Ihre Lerninhalte haben Sie sich erschlossen und strukturiert, aber was können Sie tun, um sie sich dauerhaft einzuprägen?

In diesem Kapitel erfahren Sie,

- wie Sie klassische Gedächtnistechniken fürs Lernen nutzen können,
- wie Sie von Karteikarten profitieren – nicht nur beim Vokabellernen,
- wie Sie Lerninhalte durch Hören und Sprechen noch besser im Gehirn verankern,
- warum eine Lerngruppe hilfreich ist und
- was E-Learning bringt.

Wozu brauchen Sie Mnemotechniken?

Der griechische Begriff Mnemotechniken setzt sich aus den beiden Wörtern „mnéme" für Gedächtnis und „téchne" für Kunst zusammen. Die Gedächtnistechniken ermöglichen es Ihnen, Ihr Wissen systematisch zu erweitern, neue Lerninhalte schneller zu verstehen und leichter anzuwenden. Sie helfen dabei, neues Wissen durch Anwendung der wirksamsten Lernprinzipien fest in Ihrem Gedächtnis zu verankern. Hierzu arbeiten Mnemotechniken mit Bildern, Assoziationen und Wiederholungen.

Wenn Sie neues Wissen schneller und besser in Ihrem Gehirn verankern können, werden Sie

- neue Sprachen schneller und besser lernen,
- wichtige Inhalte aus Vorlesungen, Vorträgen, Präsentationen und Seminaren besser behalten, mit schon vorhandenem Wissen verknüpfen und dadurch besser umsetzen,
- sich Texte, Bilder und Zeichnungen schneller einprägen und sie besser verstehen,
- Ihr neues Wissen besser anwenden können, weil es schnell abrufbar ist oder weil Sie schneller die treffenden Argumente parat haben und die richtigen Handlungen ausführen können,
- freier vortragen können.

Loci-Technik: Räumliche Anker nutzen

Ob in Schule, Ausbildung, Beruf oder Privatleben – häufig müssen Sie sich neues Wissen und Handlungsabfolgen in einer bestimmten Reihenfolge merken, z. B. die Namen der zehn größten deutschen Hauptstädte; die Bedienung einer neuen Software, die Themen einer Präsentation. Hierzu ist die Loci-Technik besonders geeignet.

Der Name der Technik leitet sich von dem lateinischen Wort „locus" für Ort ab. Sie basiert auf der Annahme, dass wir uns Lerninhalte besonders gut merken können, wenn wir sie uns in einem dreidimensionalen Raum bildlich vorstellen. In diesem Raum platzieren wir die Inhalte in der gewünschten Reihenfolge an markanten Orten. Das hilft uns dabei, sie in der gewünschten Reihenfolge zu erinnern. Denn haben wir die Inhalte in unserer Vorstellung fest mit bestimmten Orten verknüpft, können wir diese Orte einfach gedanklich ablaufen. Schon fallen uns die Lerninhalte wieder ein.

Tatsächlich ist unser Gehirn daran gewöhnt, sich ständig neue Orte anhand von auffälligen Hinweisreizen einzuprägen. Denn nur wenn wir uns gemerkt haben, dass wir an der Ecke mit der Ampel links abbiegen müssen, finden wir den Weg zurück. Dieses Lernprinzip macht sich die Loci-Technik zunutze. Sie hat einen weiteren Vorteil: Je besser Sie sich Lerninhalte bildlich vorstellen, desto mehr Gefühle wecken sie in Ihnen. Hierdurch bleiben diese Inhalte gut in Ihrem Gedächtnis haften.

Geeignete Räume finden

Bei der Suche nach geeigneten Räumen sind unserer Fantasie keine Grenzen gesetzt. Prinzipiell eignen sich alle Räume, die wir uns gut vorstellen können, angefangen von öffentlichen Plätzen, über unsere eigenen vier Wände bis hin zum menschlichen Körper. Am besten wählen Sie einen Raum, den Sie gut kennen: Je vertrauter uns ein Raum vertraut ist,

- desto mehr Orte fallen uns ein, an denen wir neue Lerninhalte in unserer Vorstellung ablegen können.
- desto eher erinnern wir uns an alle wichtigen Orte in diesem Raum.
- desto mehr Gefühle werden in uns geweckt.

> Wenn wir Lerninhalte an geeigneten Orten platzieren, helfen uns die hierbei entstehenden Gefühle, die Lerninhalte fest in unserem Gedächtnis zu verankern.

Beginnen Sie mit einfachen Übungen

Sie sind neugierig geworden und wollen die Loci-Technik einmal ausprobieren? Am besten beginnen Sie mit einer einfachen Übung. Später können Sie sich mit der Loci-Technik praktisch jeden Lerninhalt merken.

Übung

Zum Merken einer Einkaufsliste können Sie folgendermaßen vorgehen:

1 Wenn Sie sich drei Gegenstände (z. B. eine Salatgurke, eine Banane und einen Kasten Mineralwasser) in einer bestimmten Reihenfolge merken wollen, stellen Sie sich drei Orte

vor, an denen Sie diese Gegenstände gedanklich positionieren. Besonders empfehlenswert sind markante Wegstationen auf Ihrem täglichen Weg zur Arbeit. Weil Sie ständig an diesen Orten vorbei kommen, sind sie fest in Ihrem Gedächtnis verankert.

2   Entscheiden Sie sich für drei dieser Stationen, z.B. Ihre Haustür, die Bushaltestelle und die Eingangstür zu Ihrer Arbeitsstelle.

3   Verknüpfen Sie nun je einen der drei Gegenstände der Reihe nach mit einer dieser drei Wegstationen. Stellen Sie sich vor, der Griff Ihrer Haustür hätte die Form und Farbe einer Salatgurke, die Sitzbank der Bushaltestelle sei eine gigantische Banane und vor der Eingangstür zu Ihrer Arbeitsstelle stünde ein Kasten Mineralwasser. Je fantasievoller Sie hierbei vorgehen, desto besser bleiben die Gegenstände im Gedächtnis haften.

4   Jetzt müssen Sie nur noch Ihren Weg zur Arbeit gedanklich abgehen und schon fallen Ihnen die drei Gegenstände in der gewünschten Reihenfolge ein.

5   Wollen Sie sich mehr Gegenstände merken? Dann erhöhen Sie einfach die Zahl der Wegstationen, an denen Sie diese Gegenstände in Ihrer Vorstellung positionieren.

Mit der Loci-Technik können Sie sich auch Alltagsgegenstände bzw. -handlungen, die Sie häufig vergessen, einprägen.

Beispiel:

Ziehen Sie häufiger die Wohnungstür von außen zu, um dann festzustellen, dass der Haustürschlüssel noch in der Wohnung liegt? Dann sollten Sie sich vorstellen, dass Ihre Wohnungstür einem großen Tor gleicht, das Sie nur mit einem riesigen Schlüssel öffnen können. Jetzt fällt Ihnen beim Anblick Ihrer Haustür sofort Ihr Schlüssel ein.

Beim Lernen anwenden

Sie wissen bereits, dass sich Stress negativ auf Ihre Konzentration und damit auf Ihre Gedächtnisleistung auswirken kann. Gerade in Prüfungen kann es leicht passieren, dass Ihnen nur die Hälfte von dem einfällt, was Sie zu einem Thema wissen. Mit der Loci-Technik prägen Sie sich Lerninhalte über eigene Vorstellungsbilder (und damit über Gefühle) so sicher ein, dass Sie diese auch unter Stress zuverlässig abrufen können.

Beispiel:

Ein Student der Psychologie muss eine mündliche Prüfung im Fach Lernpsychologie ablegen. Dafür soll er eine Kurzpräsentation vorbereiten, in der er die wichtigsten Lerntechniken vorstellt. Die Loci-Technik hilft ihm dabei. Als Merkraum wählt er sein eigenes Zuhause. Er plant, in seiner Präsentation als Einleitung kurz zu erläutern, welche Prozesse beim Lernen im menschlichen Gehirn ablaufen. Als Merkhilfe stellt er sich vor, dass an seiner Wohnungstür ein Plakat hängt, auf dem ein großes Gehirn abgebildet ist. Jetzt möchte er die wichtigsten Lerntechniken, z.B. Lernen in der Gruppe, vorstellen. Hierzu malt er sich eine Gruppe von Kommilitonen aus, die ihn im Wohnungsflur zum gemeinsamen Lernen empfängt. Auf dieselbe Weise kann er weitere Lerntechniken auf die einzelnen Wohnräume verteilen. Hauptsache, er findet für jede Lerntechnik einen Schlüsselbegriff, den er sich bildlich vorstellen kann. Zu guter Letzt möchte er seine Präsentation mit einer Zusammenfassung abschließen. Damit er nicht vergisst, dies zu tun, stellt er sich vor, dass ihn in seinem Arbeitszimmer eine Kopie aller Merkthemen erwartet, angefangen vom Gehirn bis zur Lerngruppe.

Sollte ihm in der Prüfung ein Bestandteil seiner Präsentation nicht auf Anhieb einfallen, durchwandert er einfach gedanklich seine Wohnung.

Kettenmethoden: Lerninhalte verbinden

Neben der Loci-Technik helfen Ihnen auch sog. Kettenmethoden dabei, Lerninhalte in einer gewünschten Reihenfolge zu erinnern. Hierzu reihen Sie Lerninhalte in Ihrer Vorstellung wie die Glieder einer Kette aneinander. Auch bei diesen Techniken profitieren Sie davon, dass Lerninhalte in Form von Vorstellungsbildern fest in Ihrem Gedächtnis verankert werden. Dies ist insbesondere der Fall, wenn Sie diese Vorstellungsbilder gedanklich durch eine zusammenhängende Geschichte verknüpfen. Durch Geschichten rufen Sie noch mehr Gefühle hervor und speichern dadurch entsprechende Lerninhalte noch fester in Ihrem Gedächtnis.

Assoziationskette: Begriffe verknüpfen

Genauso wie bei der Loci-Technik prägen Sie sich durch diese Merktechnik Lernbegriffe ein, indem Sie sich diese bildlich vorstellen. Der Vorteil dieser Technik besteht darin, dass ihre Umsetzung weniger Aufwand als die Loci-Technik erfordert und damit schneller geht. Es genügt, dass Sie sich Lernbegriffe bildlich vorstellen und der Reihe nach jeweils in Paaren zu einem Vorstellungsbild verknüpfen. Allerdings besteht hier im Gegensatz zur Loci-Technik die Gefahr, dass Sie sich an keinen weiteren Merkbegriff erinnern können, wenn Sie ein Vorstellungsbild in der Kette vergessen sollten.

So gehen Sie vor

- Schreiben Sie sich die Begriffe in der gewünschten Reihenfolge auf.
- Stellen Sie sich diese Begriffe bildlich vor.
- Verknüpfen Sie die ersten beiden Begriffe durch ein Vorstellungsbild miteinander. Je verrückter Ihr Bild ist, desto besser bleibt es im Gedächtnis haften.
- Jetzt verknüpfen Sie den zweiten und dritten Begriff miteinander.
- Verbinden Sie das dritte und vierte Bild. Dieses Vorgehen können Sie mit beliebig vielen Begriffen fortsetzen.

Beispiel:

 Eine Kunststudentin muss die häufigsten Motive der klassischen Malerei auswendig lernen. Auf der Liste stehen u.a. die Begriffe Mädchen, Rose, Vase, Schiff und Küste. Sie stellt sich ein Mädchen vor, das eine Rose in der Hand hält; dann eine Rose, die in einer Vase steht; dann, dass auf dieser Vase ein Schiff abgebildet ist, und schließlich ein Schiff, das vor einer Küste treibt.

Was machen Sie, wenn Sie sich mit dieser Technik abstrakte Begriffe merken wollen? Diese können Sie sich nur schwer bildlich vorstellen.

Beispiel:

 Ein Schüler möchte im nächsten Physiktest an die Begriffe „Quantenphysik" und „Schwerkraft" denken. Für „Schwerkraft" hat er schnell ein passendes Vorstellungsbild parat: Ein Apfel, der von einem Baum auf die Erde fällt. Doch welches Bild erinnert ihn an „Quantenphysik"? Ihm fällt ein, dass der Physiker Albert Einstein einer der bekanntesten Vertreter der Quantenphysik ist.

Sein Gesicht mit seinen abstehenden Haaren kennt er von berühmten Fotografien. Jetzt verknüpft er beide Bilder zu einem Bild: Er stellt sich vor, dass Albert Einstein an einem Apfelbaum vorbei geht, von dem ein Apfel fällt.

Geschichtentechnik: Begriffe mit Logik merken

Um sich mit dieser Technik Lernbegriffe zu merken, bauen Sie sie in eine zusammenhängende Geschichte ein. Hierzu denken Sie sich eine Geschichte aus, mit der sich die Lernbegriffe leicht thematisch verbinden lassen. Die Technik ist zwar aufwendiger als die Loci-Technik, stellt aber eine gute Alternative dar, z.B. wenn Sie die Loci-Technik bereits so häufig verwendet haben, dass viele Merkräume durch unzählige Merkbegriffe besetzt sind und es dadurch leicht zu Verwechslungen kommen kann. Der Vorteil der Geschichtentechnik gegenüber der Assoziationsketten-Technik besteht darin, dass Sie durch Geschichten noch besser Gefühle hervorrufen als durch einzelne Vorstellungsbilder. Hierdurch bleiben Lerninformationen, die Sie in Geschichten einbauen, besonders gut im Gedächtnis. Lassen Sie die Geschichte wie einen Film vor Ihrem inneren Auge abspielen.

Beispiel:

Die Kunststudentin denkt sich zum Merken der häufigsten Motive der klassischen Malerei folgende Geschichte aus: Ein junger Mann möchte einem hübschen Mädchen eine Rose als Zeichen seiner Liebe schenken. Er betritt ihre Wohnung, doch das Mädchen ist nirgends zu finden. Also stellt er die Rose erst einmal in eine Vase. Da fällt sein Blick durch ein Fenster. Und was er sieht, lässt ihn erschrecken. Er sieht das angebetete Mädchen an Deck eines Schiffs, das sich bereits etwa hundert Meter von der Küste entfernt hat.

Zahlen-Systeme: Zahlen verknüpfen

In Schule, Ausbildung, Beruf und Privatleben gibt es nicht nur Situationen, in denen Sie Begriffe auswendig lernen müssen, sondern auch Situationen, in denen Sie sich Zahlen einprägen wollen oder sollen.

Beispiel:

PIN-Code Ihrer EC-Karte
Datum Ihres Hochzeitstags
Die ersten Ziffern der Zahl „Pi" (im Mathematikunterricht)
historische Jahreszahlen (im Geschichtsunterricht)

Zahl-Symbol-System

Auch bei dieser Technik arbeiten Sie mit Merkwörtern, die Sie sich leicht bildlich vorstellen können. Indem Sie sich zunächst für jede Ziffer von 0 bis 9 ein dazugehöriges Merkwort eingeprägt haben, können Sie sich nun jede beliebige Ziffernfolge merken. Hierzu nutzen Sie eine der zuvor beschriebenen Merktechniken (Loci-Technik, Assoziationsketten-Technik, Geschichtentechnik), um sich die Merkwörter in einer gewünschten Reihenfolge einzuprägen. Um einzelne Ziffern leicht mit einem Merkwort zu verknüpfen, sollten Sie sich Merkwörter ausdenken, die zu den jeweiligen Ziffern einen optischen oder inhaltlichen Bezug haben. Sie können auf folgende Begriffsvorschläge zurückgreifen:

Ziffer	Merkwort	Begründung
0	Ball	hat die Form einer null
1	Baum	sieht aus wie eine eins
2	Lichtschalter	hat zwei Einstellungen: ein oder aus
3	Hocker	besitzt drei Beine
4	Auto	fährt auf vier Rädern
5	Hand	verfügt über fünf Finger
6	Würfel	hat sechs Seiten
7	Zwerge	Schneewittchen lebt bei sieben Zwergen
8	Achterbahn	fährt eine acht
9	Katze	besitzt neun Leben

Beispiele

Ein Schüler soll als Vorbereitung auf einen Test im Geschichtsunterricht auswendig lernen, in welchem Jahr die Vereinigten Staaten von Amerika gegründet wurden. Die Jahreszahl lautet 1776. Er übersetzt die Ziffern der Reihe nach in die Merkwörter „Baum – Zwerge – Zwerge – Würfel". Diese Wörter merkt er sich durch die Geschichtentechnik: „Vor einem Baum treffen sich zwei befreundete Gruppen von Zwergen zum gemeinsamen Würfelspiel." Wenn er sich diese Geschichte ins Gedächtnis ruft, kann er die enthaltenen Merkwörter wieder in einzelne Ziffern übersetzen und erhält so die gewünschte Jahreszahl.

Zahl-Reim-System

Diese Merktechnik funktioniert wie das Zahl-Symbol-System. Allerdings verwenden Sie ausschließlich Begriffe, die sich auf die Ziffern 0 bis 9 reimen. Gerade wenn Sie ein auditiver

Lerntyp sind, werden Ihnen die Reime helfen, sich schnell an die jeweilige Ziffer zu erinnern. Auch für diese Technik können Sie sich eigene Merkwörter ausdenken oder auf die folgenden Begriffsvorschläge zurückgreifen:

Ziffer	Merkwort
0	Bull (e)
1	Bein
2	Hai
3	Brei
4	Stier
5	Strümpf(e)
6	Hex(e)
7	Rüben
8	Yacht
9	Scheun(e)

Schlüsselwort-Methode: Vokabeln einprägen

Sie können sich zwar eine fremdsprachige Vokabel merken, weil sie ähnlich wie ein deutsches Wort klingt oder geschrieben wird, nicht aber ihre deutsche Bedeutung? Dann können Sie auf die Schlüsselwort-Methode zurückgreifen:

- Lesen Sie die fremdsprachige Vokabel laut vor (z. B. engl. eye).
- Suchen Sie nach einem ähnlich klingenden oder gleich geschriebenen deutschen Wort und stellen Sie es sich

bildlich vor. Beispiel: engl. eye – dt. Ei. Sie denken also an ein Ei. Dieser Begriff dient Ihnen als Schlüsselwort.
- Dann stellen Sie sich die Bedeutung der fremdsprachigen Vokabel bildlich vor. Also z.B.: eye – Sie stellen sich ein Auge vor.
- Verknüpfen Sie Ihr Schlüsselwort in einem Bild mit der Bedeutung der zu lernenden Vokabel. Sie stellen sich also z.B. vor, dass ein Ei die Form eines Auges hat.
- Sobald Sie die fremdsprachige Vokabel aussprechen, wird Ihnen das ähnlich klingende deutsche Schlüsselwort einfallen. Jetzt fällt Ihnen das Vorstellungsbild ein, das Sie zur Bedeutung der Vokabel führt.

Wieder profitieren Sie davon, dass Bilder Gefühle hervorrufen und daher gut im Gedächtnis haften bleiben. Außerdem ist das deutsche Wort bei Ihnen (sofern Sie ein Muttersprachler sind) über unzählige Nervenverbindungen fest im Gedächtnis verankert. Einen neuen Begriff, den Sie mit diesem Merkwort verknüpfen, vergessen Sie so leicht nicht mehr. Wenn Sie nun die fremdsprachige Vokabel laut vorlesen, wird Sie die Aussprache dieser Vokabel an Ihr deutschsprachiges Schlüsselwort erinnern. Dieses erinnert Sie wiederum an die mit ihm verknüpfte Bedeutung der fremdsprachigen Vokabel.

Beispiele

 Sie möchten sich die Bedeutung der englischen Vokabel „fast" merken. „Fast" steht für „schnell". Es liest sich wie das deutsche Wort „fast". Jetzt können Sie sich vorstellen, dass Sie so „schnell" gelaufen sind, dass Sie den Bus „fast" erreicht haben.

Nun wollen Sie sich die Bedeutung der englischen Vokabel „hell" einprägen. „Hell" heißt auf Deutsch „Hölle". Die Vokabel schreibt sich, wie das deutsche Adjektiv „hell". Jetzt müssen Sie sich nur noch das Gegenteil von „hell" vorstellen, schon sind Sie bei „dunkel". Sie ahnen es schon, die „Hölle" ist bekanntlich ziemlich finster.

Zu guter Letzt wollen Sie sich die Bedeutung der englischen Vokabel „bell" merken. „Bell" steht für „Glocke". Diese Vokabel ließt sich wie eine Form des Verbs „bellen". „Bellen" ist laut. Was ist noch laut? Richtig, eine „Glocke".

Lernkartei: Details lernen

Wenn Sie sich Informationen durch regelmäßige Wiederholungen sicher merken wollen, stellt das Karteikasten-System eine optimale Lösung dar. Mittels Karteikarten können Sie sich verschiedenste Lerninhalte einprägen. Hierzu schreiben Sie einen zu lernenden Begriff auf die Vorderseite einer Karteikarte. Jetzt drehen Sie die Karte um und schreiben zu diesem Begriff eine entsprechende Übersetzung, Erläuterung o. Ä. auf die Rückseite. Jedes Mal, wenn Sie die Karte zur Hand nehmen, sehen Sie sich die Vorderseite an und sagen am besten laut aus dem Gedächtnis auf, was auf der Rückseite steht. Jetzt drehen Sie die Karteikarte um und lesen, ob Sie richtig liegen.

Weil Karteikarten meist eine handliche Größe von DIN A8 bis DIN A6 haben, müssen Sie Lerninhalte in Form von wenigen, kurzen Informationen niederschreiben. Durch diese Reduktion auf das Wesentliche bleiben die Inhalte viel besser im Gedächtnis haften, als wenn Sie eine Vielzahl – häufig auch nebensächlicher – Informationen mit lernen. Außerdem eignen sich Karteikarten hervorragend dazu, sich selbst abzufragen oder von jemandem abfragen zu lassen. Auf diese Weise stellen Sie schnell fest, ob Sie die entsprechenden Informationen sicher erinnern können. Die direkte Kontrolle hilft Ihnen, Ihren Lernfortschritt realistisch einzuschätzen, und verschafft Ihnen bei einer richtigen Antwort ein sofortiges Erfolgserlebnis, das Sie dazu motiviert, weiter zu lernen.

Mögliche Inhalte von Karteikarten	
Vorderseite	Rückseite
Vokabeln	Übersetzung, Erläuterung, Beispielsätze
Fachbegriffe	Erklärung und Anwendungsbeispiele, etwa: Was bedeutet der Fachbegriff? Wo kommt er vor? Wie wendet man ihn an? etc.
Schlüsselbegriffe aus Vorträgen/ Texten	Erläuterung und Anwendungsbeispiele
Name einer Formel	dazugehörige Formel
Fragen	Antworten

Lernen mit System

Das folgende Karteikasten-System wurde von dem Journalist Sebastian Leitner (Leitner 2011) entwickelt. Er empfiehlt, für die Anwendung dieses Systems einen Karteikasten mit fünf

Fächern zu erwerben oder selbst zu basteln. Hierbei sollte die Stellfläche für Karteikarten von Fach zu Fach größer werden. Vorgeschlagene Längenmaße: Erstes Fach = 1 cm, zweites Fach = 2 cm, drittes Fach = 4 cm, viertes Fach = 8 cm, fünftes Fach = 16 cm.

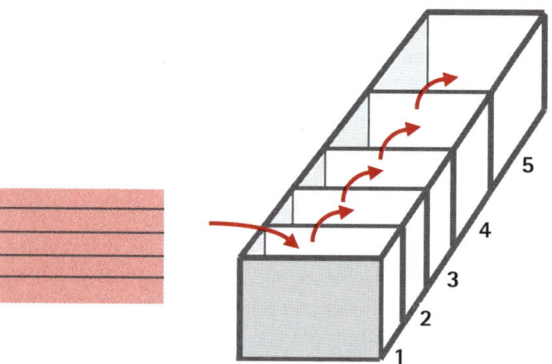

Fünf Fächer eines Karteikastens

- Sobald Sie eine neue Karteikarte erstellt haben, stellen Sie diese zunächst ins vorderste Fach Ihres Karteikastens.
- Sobald dieses Fach voll ist, beginnen Sie mit dem Lernen: Sie nehmen die Karteikarten nacheinander heraus und prägen sich die entsprechenden Lerninhalte durch die oben beschriebene Methode ein: Vorderseite ansehen – Lösung aufsagen – umdrehen – kontrollieren. Immer wenn Sie den Lerninhalt einer Karteikarte sicher erinnern, stellen

Sie diese ein Fach weiter nach hinten. Wenn Sie den Lerninhalt einer Karteikarte falsch wiedergeben, stellen Sie diese ins erste Fach zurück.

- Wenn sich das nächste Fach füllt, nehmen Sie eine Karteikarte nach der anderen aus diesem Fach heraus und wiederholen die Lerninhalte auf die gleiche Weise. Mit den folgenden Fächern verfahren Sie genauso.
- Sobald Sie den Lerninhalt einer Karteikarte aus dem fünften Fach sicher erinnern, nehmen Sie diese aus dem Kasten heraus. Durch die regelmäßigen Wiederholungen hat sich das Wissen auf dieser Karteikarte inzwischen so gut eingeprägt, dass Sie sich diese höchstens kurz vor einer Prüfung erneut ansehen sollten.

Sobald Wissen sicher verankert ist, müssen Sie es nicht mehr so häufig wiederholen, um es im Gedächtnis zu behalten. Das Karteikasten-System trägt diesem Prinzip durch unterschiedliche Fächergrößen Rechnung. So dauert es von Fach zu Fach länger, bis ein Fach voll ist, und Sie die Karteikarten aus diesem Fach wiederholen.

> Dank des Karteikasten-Systems wiederholen Sie Lerninhalte, die Sie noch nicht so sicher erinnern, häufiger als Lerninhalte, die Sie bereits relativ sicher behalten.

Das Karteikarten-System bietet nur eine Schwachstelle: Wenn alle Fächer fast voll sind, könnte es passieren, dass eine neue Karteikarte sehr schnell vom ersten ins letzte Fach wandert. Jetzt wissen Sie nicht, ob Sie den Lerninhalt einer Karteikarte auch nach einigen Tagen noch erinnern könnten.

Inzwischen gibt es zahlreiche Computerprogramme die Karteikasten-Systeme ersetzen. Diese Programme speichern, ob Sie eine Lernaufgabe richtig oder falsch beantwortet haben, und fordern Sie in entsprechenden Zeitintervallen auf, eine Lernaufgabe erneut zu bearbeiten.

Diktiergerät: Mit beiden Ohren lernen

Diese Technik ist einer meiner persönlichen Favoriten: Sie nehmen die Lerninformationen mit einem Diktiergerät auf (oder einem anderen Gerät, das über diese Funktion verfügt, z. B. Handy, Smartphone etc.) und können sie beliebig oft anhören – laut oder per Kopfhörer. Die Methode eignet sich deshalb besonders für auditive Lerntypen. Aber auch für andere Lerntypen gilt: Wenn Sie die Technik zusätzlich zu weiteren Lernmethoden anwenden, die wir Ihnen bereits in diesem Buch vorgestellt haben (z. B. Markiertechnik, Mind Mapping®, Lernkartei), dann erweitern Sie damit die Bandbreite der Sinneskanäle, mit denen Sie lernen, und desto fester werden Lerninhalte in Ihrem Gedächtnis verankert.

Zum Lernen können Sie die kleinen Geräte mit nach draußen nehmen, z. B. auf einen Spaziergang. Durch die Bewegung an der frischen Luft steigern Sie die Sauerstoffversorgung Ihres Gehirns und damit Ihre Konzentration und Behaltensleistung. Außerdem macht es an einem sonnigen Tag mehr Spaß, auf einer Wiese als in einem Gebäude zu lernen. Auf diese Weise verknüpfen Sie Lernen mit positiven Gefühlen und steigern Ihre Lernmotivation.

Was können sie aufnehmen?

Die unten stehende Anleitung zeigt Ihnen, wie Sie die Diktiergerät-Methode mit der Karteikartentechnik kombinieren. Sie können aber auch jede andere Quelle nutzen, um an zusammengehörige Lerninformationen zu gelangen. Beispielsweise eignet sich die Methode hervorragend, um Prüfungsfragen und Musterantworten auswendig zu lernen. Lernen Sie für eine mündliche Prüfung, trainieren Sie bereits, Lerninformationen schnell mündlich wiederzugeben. Auch bei dieser Lernmethode sind Sie nicht auf einen bestimmten Typ von Lerninformationen festgelegt. Ähnlich wie bei den Karteikarten können Sie aus dem Vollen schöpfen (z. B. Vokabeln, Fachbegriffe, Schlüsselinformationen aus Texten/ Präsentationen/ Vorlesungen).

So gehen Sie vor

- Nehmen Sie eine Karteikarte zur Hand und stellen Sie das Diktiergerät auf Aufnahme. Lesen Sie den Lernbegriff, der auf der Karteikarte steht, laut vor.
- Stoppen Sie die Aufnahme. Jetzt wird der Begriff als erste Audio-Datei („Track") gespeichert.
- Wenn Sie sich einen einzelnen Begriff und die dazugehörige Lerninformation später gezielt anhören wollen, empfiehlt es sich, den Begriff und seine Track-Nummer per Hand oder elektronisch zu notieren.
- Drehen Sie nun die Karteikarte um und stellen Sie das Diktiergerät wieder auf Aufnahme. Lesen Sie die zum Lernbegriff gehörende Lerninformation vor.

- Stoppen Sie die Aufnahme. Jetzt wird die zugehörige Lerninformation als zweiter „Track" gespeichert.
- Auf diese Weise können Sie beliebig viele Lerninhalte nacheinander aufnehmen.
- Jetzt können Sie Audio-Dateien gezielt auswählen, um sich einzelne Lernbegriffe anzuhören und die zugehörigen Informationen aus dem Gedächtnis aufzusagen.
- Anschließend können Sie sich die Musterantwort anhören, um festzustellen, ob Sie richtig geantwortet haben.

Lerngruppe: Soziales Lernen

Eine Lerngruppe eignet sich für jeden, der gerne mit anderen Personen zusammen lernt. Hierbei spielt es keine Rolle, mit welchen Lerninhalten Sie sich gerade befassen, ob Sie z.B. Fachbegriffe für Ihr Medizinstudium, Verkehrsregeln für Ihre Führerscheinprüfung oder Handgriffe für Ihren Segelschein lernen. Wichtig ist nur, dass die Mitglieder einer Lerngruppe auf ein gemeinsames Lernziel hinarbeiten und bereit sind, sich regelmäßig in einer festen Gruppe zu treffen. Eine Lerngruppe bietet Ihnen folgenden Nutzen:

- Kontinuierliche Treffen mit gemeinsam gesteckten Zielen steigern Ihre Lerndisziplin.
- Die Sozialkontakte innerhalb einer Lerngruppe fördern Ihre Motivation.
- Wenn Sie sich gegenseitig abfragen, erkennen Sie schnell, wie sicher Sie einen Lernstoff bereits beherrschen und wo noch Wissenslücken bestehen.

- Indem Sie Gruppenmitgliedern Lerninhalte in eigenen Worten erläutern, verankern Sie Ihr Wissen noch tiefer im Gedächtnis.

So könnte ein Lerngruppentreffen aussehen:

- Sie legen vor jedem Treffen fest, wer welche Lerntexte erarbeitet.
- Jeder liest bis zum nächsten Treffen seine Lerntexte.
- Zu Beginn des nächsten Treffens fasst jeder die zentralen Inhalte seiner Lerntexte für die anderen Mitglieder zusammen. Diese stellen Verständnisfragen.
- Wichtige Inhalte werden in Form einer gemeinsamen Lernkartei festgehalten.
- Anschließend werden die Karteikarten für alle Gruppenmitglieder kopiert.
- Diese Karteikarten bieten eine optimale Möglichkeit, um sich gegenseitig abzufragen.

Regeln für Lerngruppen

Menschen sind Gewohnheitstiere. Deshalb sollten Sie sich in einem festen Rhythmus treffen (z.B. jeden Sonntag von 16 bis 18 Uhr). Vereinbaren Sie für die Treffen eine allgemeine Anwesenheitspflicht, damit sie tatsächlich zu mehr Disziplin aller Beteiligten führen. Lerngruppenmitglieder können sich u.a. hinsichtlich ihres Vorwissens, ihrer Lerngeschwindigkeit und bevorzugter Lernmethoden unterscheiden. Variieren Sie deshalb die Methoden, so dass keiner benachteiligt wird. Achten Sie darauf, dass langsame Lerner nicht abgehängt werden. Schnelle Lerner sollten neue Inhalte erarbeiten und den Mitgliedern vorstellen. Zudem können Teilnehmer ihr Vorwissen zu einzelnen Lernthemen vortragen. Ermutigen Sie zurückhaltende Gruppenmitglieder, Verständnisfragen zu stellen und Lerninhalte mit eigenen Worten zu erläutern.

Software und Internet: Interaktives Lernen

Lernsoftware und Internet bieten unzählige Möglichkeiten, neues Wissen und neue Fertigkeiten zu erwerben. Computergestütztes Lernen firmiert unter dem Begriff „E-Learning". Die wichtigsten Erscheinungsformen sind:

- Lernsoftware mit Texten, Grafiken, Übungsaufgaben und/oder Audio- und Videosequenzen
- E-Books (elektronische Bücher, z. B. Lehrbücher)
- Audiofiles (digitale Tonaufnahme, z. B. von Vorträgen)
- Live-Streaming (live übertragene Video- oder Tonaufnahme, z. B. von Vorlesungen)
- Online-Kurse
- Video-Tutorials (digitale Lernvideos)
- Blended Learning (siehe dazu das folgende Beispiel)
- Online-Foren und -chats

Beispiele

Sie wollen die Bedienung eines Computerprogramms lernen, doch Sie haben wenig Lust, sich eine komplizierte Bedienungsanleitung durchzulesen. Außerdem suchen Sie nach praktischen Anwendungstipps. Recherchieren Sie, ob Sie im Internet unter dem Namen dieses Computerprogramms ein Lernvideo (ein sog. Tutorial) finden.

Zur Vorbereitung auf die Führerscheinprüfung kaufen Sie sich eine Lernsoftware. Damit können Sie die Fragen der theoretischen Führerscheinprüfung wiederholen, so oft Sie wollen. Außerdem erhalten Sie direktes Feedback, ob Ihre Antwort richtig war bzw. wie eine richtige Antwort aussehen müsste.

Sie studieren an einer Fern-Universität Betriebswirtschaft. Diese Universität arbeitet mit sog. Blended Learning. In diesem Lernkonzept verbinden Sie Präsenzphasen, in denen Sie an Vorlesungen und Seminaren teilnehmen, mit Selbstlernphasen, in denen Sie an Ihrem Computer lernen. Je nach Lernaufgabe erhalten Sie z. B. Texte, die Sie zusammenfassen sollen. Die Zusammenfassung verschicken Sie zur Diskussion an Dozenten und Kommilitonen. Oder Sie erhalten Zugang zu einem Online-Lernprogramm, um Prüfungsinhalte zu trainieren. Ferner können Sie sich über E-Mail und in passwortgeschützten Chat-Räumen mit Kommilitonen und Dozenten über Lerninhalte austauschen.

Der Hauptvorteil von E-Learning besteht darin, dass Sie rund um die Uhr an unterschiedlichsten Orten lernen könnten. Alles was Sie brauchen, ist ein Computer (oder ein Laptop, ein Tablet-PC oder ein Smartphone) mit einer Lernsoftware bzw. einem Internetanschluss. Das macht E-Learning gerade für Berufstätige attraktiv, die in ihrer knapp bemessenen Freizeit gerne flexibel sein wollen. Einer der Nachteile von E-Learning besteht darin, dass es ein hohes Maß an Selbstdisziplin erfordert. Schließlich sagt Ihnen – außer bei zeitlich genau vorbestimmten Internet-Lernangeboten (z.B. Lerngruppentreffen mittels Chats) – keiner, was genau Sie wann und wie lange lernen sollen. Ein weiterer Nachteil besteht darin, dass unsere Augen am Bildschirm schnell ermüden. Außerdem sitzt keiner neben Ihnen, den Sie bitten können, Ihnen eine Frage zu beantworten, einen Lerninhalt zu erläutern oder eine Handlungsabfolge zu zeigen. Die Video- und Audiofunktion moderner PCs ist nur ein schwacher Trost, weil unmittelbare Sozialkontakte ein deutlicher stärkerer Lernmotivator sind.

Wenn Sie mit einer Lernsoftware arbeiten wollen, helfen Ihnen die folgenden Leitfragen bei der Auswahl.

Leitfragen zur Auswahl von Lernsoftware

- Sind die Lerntexte kurz und leicht verständlich?
- Werden Lerninhalte mittels Grafiken veranschaulicht?
- Gibt es einprägsame Videosequenzen?
- Können Sie Ihren Wissenstand durch Fragen und Übungen testen?
- Erhalten Sie ein direktes Feedback, ob Ihre Antworten richtig sind?
- Zeigt Ihnen das Programm Musterantworten?
- Können Sie Übungen gezielt wiederholen?
- Werden Ihre Lernfortschritte gespeichert, so dass Sie das Programm zu einem späteren Zeitpunkt an der gewünschten Stelle fortsetzen können?

Beispiel:

 Eine gute Sprachlernsoftware sollte Ihnen die Möglichkeit bieten, fremdsprachige Dialoge anzuhören. Im Idealfall liegt dem Programm auch ein Headset bei. Wenn Sie in das Mikrophon sprechen, sollte die Spracherkennung Ihres Lernprogramms eine Analyse Ihrer Aussprache liefern.

Videofeedback: Optische Lernkontrolle

Das Videofeedback ist eine optimale Lerntechnik, wenn Sie sich praktische Fertigkeiten beibringen wollen. Der Grund: Vielen fällt es schwer, rein verbale Informationen in Tun umzusetzen oder – andersherum – praktisches Tun verbal zu erklären, z.B. ein Aufschlag beim Tennis, die exakte Schlägerführung beim Hockey, eine Figur beim Tanzen, den Einsatz von Hammer und Meißel bei der Bildhauerei. Das liegt daran, dass uns Handlungsabfolgen meist nur bei den ersten Ausführungen bewusst sind. Führen wir Handlungen häufiger aus, werden Sie zu einem Automatismus. Das heißt, dass wir diese Handlungsabfolgen ausführen, ohne dass wir uns bewusst darauf konzentrieren müssen, welche Bewegung als nächstes kommt. Das heißt: Praktische Fertigkeiten lernen wir am besten, indem wir sie ausführen.

Wenn Sie sich von einer erfahrenen Person einen Bewegungsablauf beibringen lassen wollen, lohnt es sich oftmals, diese Person zu bitten, eine Handlung vorzuführen, und sie hierbei auf Video aufzuzeichnen. Jetzt können Sie sich das Video so häufig ansehen, wie Sie wollen. Besonders wertvoll ist hierbei die Zeitlupenfunktion, mit der Sie einzelne Handlungsschritte genau betrachten können. Dadurch gewinnen Sie ein tieferes Verständnis für bestimmte Bewegungsabläufe.

Dann versuchen Sie, Handlungen Schritt für Schritt nachzumachen. Durch regelmäßiges Training werden Sie Handlungsabfolgen immer besser beherrschen. Auch hierbei profitieren Sie durch Videoaufnahmen: Zeichnen Sie sich währenddessen selbst auf Video auf und sehen Sie sich die Aufnahme an. So stellen Sie fest, welche Bewegungsabläufe Sie bereits gut beherrschen und an welchen Sie weiter arbeiten sollten.

Beispiel:

Sie lernen Ski fahren? Bitten Sie jemanden, Sie beim Ski fahren mit einer digitalen Videokamera aufzunehmen. Fragen Sie auch erfahrene Skifahrer, ob Sie ihre Bewegungen auf Video aufzeichnen dürfen. Dann können Sie sich später Ihre eigenen Bewegungsabläufe auf Video ansehen und sie mit den Bewegungsabläufen von erfahrenen Skifahrern vergleichen. So erkennen Sie schnell, wo noch Verbesserungsbedarf besteht.

Persönliche Videoaufnahmen sind auch besonders wertvoll, wenn Sie sich gezielt auf eine mündliche Prüfung vorbereiten. Ihre Videoaufzeichnungen können Sie nutzen, um Ihre Rhetorik (Inhalt und Form Ihrer Rede), den Einsatz von Präsentationstechniken und Ihre Körpersprache zu beurteilen. Mit Ihrer Stimme und Körpersprache senden Sie unbewusste Signale, die Auskunft darüber geben, wie sicher Sie sich in einer Situation fühlen. Ein gesundes Maß an Selbstsicherheit wirkt sich wiederum positiv auf das Bild aus, das Sie bei Prüfern hinterlassen.

Auf einen Blick: Neues Wissen einprägen

- Die Loci-Technik hilft Ihnen, sich Lerninhalte in einer bestimmten Reihenfolge einzuprägen.
- Mit bildhaften Vorstellungen – von Assoziationen bis Geschichten – verankern Sie Inhalte dauerhaft im Gehirn.
- Karteikarten lassen sich für viele Themen anwenden: vom Vokabellernen bis zur Prüfungsvorbereitung. Hier nutzen Sie das Prinzip der Wiederholung.
- Wenn Sie Lerninhalte als Audio-Datei aufnehmen, anhören und Lösungen laut aufsagen, profitieren Sie in vielfältiger Weise.
- In der Gruppe zu lernen, erhöht die Disziplin, die Motivation und die Behaltensleistung.
- Mit E-Learning-Angeboten sind sie ortsunabhängig, lernen in der Regel über mehrere Sinneskanäle und können Lernfortschritte gut überprüfen.

Literaturverzeichnis

Buzan, Tony: Speed Reading. München 2008.

Christmann, Ursula; Groeben, Norbert: Psychologie des Lesens. In: Franzmann, Bodo u.a. (Hrsg.): Handbuch Lesen. München 2001, S. 196 ff.

Dahmer, Hella: Effektives Lernen. Bindlach 2002.

Grüning, Christian: Garantiert erfolgreich lernen. München 2012.

Hausner, Marcus B. u.a.: Zeitmanagement – Best of Edition. Freiburg 2012.

Kandel, Eric: Auf der Suche nach dem Gedächtnis, DVD. Berlin 2009.

Meier, Rolf: Lernen mit Köpfchen. Offenbach 2009.

Meier, Rolf: Rationelles Lesen. Offenbach 2006.

Metzig, Werner; Schuster, Martin: Lernen zu lernen. Berlin 2009.

Leitner, Sebastian: So lernt man lernen. Freiburg im Breisgau 2011.

Robinson, Francis P.: Effective Study. New York 1948.

Spitzer, Manfred: Wir lernen immer, DVD. Mühlheim (Baden) 2008.

Das will ich mir merken, CD-ROM. Edingen-Neckarhausen 2006.

Stichwortverzeichnis

Anker 52
Arbeitsblock 48, 49, 50
Arbeitsplatz 70
Assoziation 22
Assoziationskette 103
auditiver Typ 28
Aufnahmegerät 114, 115, 116

Bedürfnis 34, 35, 36
Beleuchtung 69
Belohnung 40
Bild 20

Diktiergerät 114, 115, 116

E-Learning 118, 119, 120
Emotion 16
Erfolgsaussicht 41
Essen 66

Gedächtnis 10, 11, 12
Gehirn 7, 8, 9
Geschichtentechnik 105

haptischer Typ 29

Karteikarte 110, 111, 112
Kettenmethode 103, 104, 105
Kurzzeitgedächtnis 10

Langzeitgedächtnis 10, 11, 12
Leistungskurve 50
Lerngruppe 116, 117, 118
Lernplan 44, 45, 46
Lernposter 93, 94, 95
Lernprinzip 13, 14, 15
Lernprozess 7, 8, 9
Lernstrategie 33, 34, 35
Lerntyp 24, 25, 26
Lesen 77, 78, 79
Loci-Technik 99, 100, 101

Markiertechnik 85, 86, 87
Mind Map® 89, 90, 91

Mitschrift 87, 88, 89
Mnemotechnik 98
Motivation 34, 35, 36, 39

Nervenzelle 7, 8, 9
Nutzen 14

Ort 68

Pausen
  Arbeitspause 52, 53, 54
  Ruhezeit 52, 53, 54
Prüfungsangst 63, 64, 65

Querlesen 78

Schlafen 67
Schlüsselwortmethode 108
Sinneskanal 24, 25, 26
Software 118, 119, 120
Spead Reading 79, 80, 81
SQ3R-Methode 81, 82, 83
Störung 56, 57, 58
Stress 59, 60, 61
Synapse 7, 8, 9

Trinken 66

Ultrakurzzeitgedächtnis 10

Vereinfachung 22
Verknüpfung mit Vorwissen 15
Video 121, 122, 123
visueller Typ 27
Vokabel 31, 108, 109, 110, 111, 115
Vorwissen 15

Wiederholung 19

Zahlreimsystem 107
Zahlsymbolsystem 106
Zeitmanagement 54, 55, 56
Ziel 34, 35, 36

Impressum

Bibliografische Information der Deutschen Nationalbibliothek

Die Deutsche Nationalbibliothek verzeichnet diese Publikation in der Deutschen Nationalbibliografie; detaillierte bibliografische Daten sind im Internet über http://dnb.dnb.de abrufbar.

Print: ISBN: 978-3-648-06032-2   Bestell-Nr.: 00378-0002
ePub: ISBN: 978-3-648-06033-9   Bestell-Nr.: 00378-0101
ePDF: ISBN: 978-3-648-06034-6   Bestell-Nr.: 00378-0151

David Reinhaus
Lerntechniken
2. Auflage 2014

© 2014, Haufe-Lexware GmbH & Co. KG, Munzinger Straße 9, 79111 Freiburg
Redaktionsanschrift: Fraunhoferstraße 5, 82152 Planegg/München
Telefon: (089) 895 17-0
Telefax: (089) 895 17-290
Internet: www.haufe.de
E-Mail: online@haufe.de
Redaktion: Jürgen Fischer
Redaktionsassistenz: Christine Rüber

Lektorat: Sylvia Rein, 81371 München
Satz: Beltz Bad Langensalza GmbH, 99947 Bad Langensalza
Umschlag: kienle gestaltet, Stuttgart
Druck: freiburger graphische betriebe, 79108 Freiburg

Alle Angaben/Daten nach bestem Wissen, jedoch ohne Gewähr für Vollständigkeit und Richtigkeit.
Alle Rechte, auch die des auszugsweisen Nachdrucks, der fotomechanischen Wiedergabe (einschließlich Mikrokopie) sowie der Auswertung durch Datenbanken oder ähnliche Einrichtungen, vorbehalten.

Der Autor

David Reinhaus,

Diplom-Psychologe, ist selbstständiger Trainer und Berater in der Personal- und Organisationsentwicklung. Zu seinen Schwerpunkten zählen Personalauswahl, Führungskräfte-und Teamentwicklung. Hierbei profitiert er von fundierten Kenntnissen in Lehr- und Lernmethoden.

Zu seinen Kunden gehören internationale Konzerne, namhafte Mittelständler und öffentliche Institutionen. Außerdem berät er Politiker bei der Durchführung von Verhandlungen.

Mehr über den Autor finden Sie unter www.reinhaus.com.

Weitere Literatur

„Warum das Gehirn Geschichten liebt", von Werner T. Fuchs, 319 Seiten, EUR 34,95. ISBN 978-3-648-03788-1, Bestell-Nr. 00208

„Gedächtnistraining", von Roland Geisselhart u.a., 256 Seiten, EUR 8,95. ISBN 978-3-648-03544-3, Bestell-Nr. 00339

Wissen to go!

TaschenGuides.
Schneller schlauer.

Kompetent, praktisch und unschlagbar günstig.
Mit den TaschenGuides erhalten Sie
kompaktes Wissen, das Sie überall begleitet –
im Beruf und im Alltag.

Mehr Informationen zu den TaschenGuides finden Sie auf www.taschenguide.de und auf www.facebook.com/Erfolgreich

Jetzt bestellen!
www.haufe.de/shop (Bestellung versandkostenfrei)
oder in Ihrer Buchhandlung